CIVILISATION
PROGRESSIVE
du FRANÇAIS

avec 400 activités

Catherine Carlo
Université Paris 8

Mariella Causa
Université Paris 3

CLE
INTERNATIONAL

Direction éditoriale : Michèle Grandmangin
Édition : Pierre Desirat
Mise en page : CGI
Cartographie : Graffito
Iconographie : Nathalie Lasserre

ISBN : 978-209-033989-5

AVANT-PROPOS

La *Civilisation progressive du français* s'adresse à un public d'adolescents et d'adultes ayant suivi environ une cinquantaine d'heures de cours.

Ce livre propose un ensemble de textes courts et d'activités pédagogiques simples qui permettent aux apprenants :
• de se construire des repères sur la civilisation/culture française et francophone ;
• de saisir les permanences et les changements récents de la société française ;
• de prendre conscience de la diversité des points de vue sur les différents thèmes présentés ;
• de mener une réflexion sur leur propre culture et sur la culture de « l'autre ».

En bref, d'adopter une démarche d'analyse et d'interprétation des réalités françaises et francophones dès le début de l'apprentissage du français.

Chacun des trente thèmes est traité de manière indépendante. Ainsi, le livre n'a pas d'ordre préétabli et il est possible, en situation de classe, de déterminer une progression en fonction des intérêts et des objectifs de l'enseignant et des apprenants. Par ailleurs, l'organisation de l'ouvrage permet à l'apprenant de mener un travail autonome.

Chaque thème, développé en général sur une double page, constitue un tout. Sur la page de gauche figurent les informations sous forme de textes, de photos, de dessins ; sur la page de droite se trouvent les activités de compréhension, d'analyse, d'interprétation des informations fournies et de réflexion interculturelle. Sur cette page d'activités figurent également, la plupart du temps, des informations complémentaires sous forme d'encadrés, de graphiques et de tableaux.

À la fin de l'ouvrage, un tableau historique donne une vision d'ensemble des principaux événements qui ont construit la France d'aujourd'hui et qui font partie des références partagées des Français ; un lexique reprend et précise les notions spécifiques qui sont marquées d'un astérisque[(*)] dans le livre.

Un livret de corrigés accompagne la *Civilisation progressive du français*. Il développe sur certains points les thèmes abordés dans le manuel. Il permet ainsi à l'enseignant d'élargir les sujets traités, et à l'étudiant qui travaille en autonomie de vérifier et de développer les connaissances acquises.

SOMMAIRE

L'ESPACE FRANÇAIS

1 GÉNÉRALITÉS 8-11

2 LES RÉGIONS FRANÇAISES

Picardie, Nord-Pas-de-Calais 12-13

Champagne-Ardenne, Alsace, Lorraine 14-15

Bourgogne, Franche-Comté 16-17

Haute et Basse-Normandie 18-19

Bretagne 20-21

Centre, Pays de la Loire 22-23

Île-de-France 24-25

Paris 26-27

Auvergne, Limousin 28-29

Rhône-Alpes 30-31

PACA, Corse 32-33

Languedoc-Roussillon 34-35

Poitou-Charentes, Aquitaine 36-37

Midi-Pyrénées 38-39

Les DOM 40-43

LA FRANCE DANS LE MONDE

1 LA FRANCE EN EUROPE 44-47

2 LES ÉCHANGES POLITIQUES 48-49

3 LES ÉCHANGES ÉCONOMIQUES 50-51

4 LA FRANCOPHONIE 52-53

LA VIE AU QUOTIDIEN

1 LE CALENDRIER 54-55

2 UNE SEMAINE DE TRAVAIL 56-59

3 UNE VIE D'ÉTUDIANT 60-61

4 LES REPAS 62-67

5 LES COURSES 68-71

6 LES TRANSPORTS ... 72-75

LE TEMPS LIBRE

1 QUELQUES FÊTES TRADITIONNELLES 76-79

2 LES VACANCES 80-81

3 LES LOISIRS 82-89

4 LES MÉDIAS 90-93

5 LES AMIS, LES VOISINS 94-95

6 LES ANIMAUX DE COMPAGNIE 96-97

L'ORGANISATION SOCIALE

1 QUI GOUVERNE ? 98-103

2 LA VIE CITOYENNE .. 104-105

3 FAMILLES 106-111

4 L'ÉCOLE 112-117

5 LE TRAVAIL 118-123

6 LE SYSTÈME
DE SANTÉ 124-127

7 UN PAYS CROYANT ? . 128-129

8 LES TEMPS
DE LA VIE 130-131

LES ÉVOLUTIONS RÉCENTES

1 LA FRANCE
URBAINE 132-135

2 LA FRANCE RURALE 136-139

3 LA FRANCE
MULTICULTURELLE 140-143

ANNEXES

1 PREMIÈRES
IMPRESSIONS 144-147

2 TABLEAU
HISTORIQUE 148-151

LEXIQUE 153-159

Connaissez-vous le sujet de ces photos ? Si non, regardez les pages suivantes : 16, 18, 26, 48, 68, 72, 88, 99, 120.

1

GÉNÉRALITÉS

La France a une superficie de 551 602 km². Elle compte 22 **régions** et 95 **départements**. À cela, il faut ajouter les quatre départements d'outre-mer (Guadeloupe, Guyane, Martinique et Réunion). Chaque région a sa capitale régionale et chaque département a son **chef-lieu*** (aussi appelé préfecture). Par exemple, en Provence-Alpes-Côte d'Azur, la capitale régionale est Marseille ; Gap, Digne, Avignon, Toulon et Nice sont les chefs-lieux de département.

La France est appelée l'**Hexagone** car elle a six côtés : trois maritimes et trois terrestres. Les côtés maritimes donnent sur la Manche (au nord), sur l'océan Atlantique (à l'ouest) et la mer Méditerranée (au sud). Les frontières terrestres séparent la France de la Belgique et du Luxembourg (au nord), de l'Allemagne, de la Suisse et de l'Italie (à l'est) et de l'Espagne (au sud-ouest).

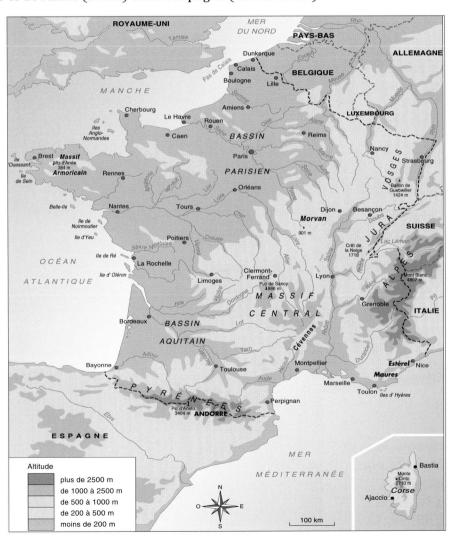

Les départements ont été créés pendant la Révolution française. À chaque département correspond un code qu'on utilise pour les plaques d'immatriculation et pour les adresses postales.

1 Comment pouvez-vous reconnaître précisément l'origine géographique d'une voiture française ?

_____

2 Les départements sont classés par ordre alphabétique. À votre avis, quel est le numéro de département de :

– Avignon (Vaucluse)   01   35   43   84

– Besançon (Doubs)   25   93   06   64

– Paris (Seine)   22   95   75   02

Observez la carte :

3 Par quelles villes passe la Loire ?

_____

4 Y a-t-il des îles en France ? Si oui, où sont-elles situées ?

_____

5 Les grandes villes sont-elles situées en montagne ?

_____

6 Quelle est la différence essentielle entre l'Est et l'Ouest de la France du point de vue géographique ?

_____

LE CLIMAT

Le climat est **tempéré**, mais il varie aussi d'une région à l'autre. On parle de trois types de climat en France : le climat **océanique** dans l'Ouest, avec des pluies abondantes et des étés tièdes ; le climat **continental** dans l'Est, avec des hivers froids et des étés chauds ; le climat **méditerranéen** dans le Sud, avec des hivers doux et des étés chauds. En montagne, le climat est plus rude : les hivers sont longs et froids et les étés, relativement frais.

LES PAYSAGES

Le paysage change en fonction du climat, mais aussi en fonction du relief. En France, il y a de grandes **plaines** comme le Bassin parisien dans le Nord et le Bassin aquitain dans le Sud-Ouest, des **pâturages** dans le Nord et dans les Alpes, des **forêts** de sapins et des **lacs** en montagne, du **maquis** en Corse, des **vignes** dans la vallée du Rhône et le Bordelais, de l'**olivier** et des **cultures maraîchères*** dans le Sud.

LE RELIEF

Le sommet le plus élevé est le **mont Blanc**, dans les **Alpes** (au sud-est), mais la France a d'autres massifs importants comme les Pyrénées (au sud-ouest), le **Massif central** (au centre), le **Jura** (à l'est) et les **Vosges** (au nord-est).

Les rivières et les fleuves sont très nombreux. Les fleuves les plus importants sont : la **Seine**, qui traverse Paris, la **Loire**, qui traverse le centre du pays, le **Rhône**, qui naît en Suisse et qui traverse Lyon, le **Rhin**, qui naît lui aussi en Suisse et qui traverse Strasbourg, enfin la **Garonne**, qui naît en Espagne et traverse Bordeaux. De nombreux canaux* relient les rivières entre elles.

Le lac d'Annecy, dans les Alpes.

1 Cherchez sur les cartes (au début du livre et page 8) des villes où l'hiver est :

● doux :

_____

● froid :

_____

● très froid :

_____

2 Quel climat préférez-vous en France ? Pourquoi ?

_____
_____
_____
_____
_____
_____
_____

Paysage de Provence.

3 Reliez un mot (et un seul) de la colonne 1 à un mot de la colonne 2 :

Région			Paysage
Corse	●	●	Montagne
Provence-Alpes-Côte d'Azur	●	●	Maquis
Bretagne	●	●	Olivier
Auvergne	●	●	Vigne
Aquitaine	●	●	Mer

4 Quel type de paysage préférez-vous en France ? Pourquoi ?

_____
_____

5 Est-ce qu'on pourrait prendre les photos des pages 10 et 11 dans votre pays ?

_____
_____

2 LES RÉGIONS FRANÇAISES

PICARDIE, NORD-PAS-DE-CALAIS

• La Picardie

C'est une région **agricole** grâce à ses plaines étendues et à la Somme qui la traverse. On y cultive surtout le blé et l'orge. La capitale régionale est **Amiens** (environ 140 000 habitants). La ville a été en grande partie détruite pendant les deux guerres mondiales, mais elle garde encore quelques belles traces de son passé.

• Le Nord-Pas-de-Calais

Le Nord est le **carrefour** de l'Europe par sa position entre Nord et Sud, Est et Ouest. Longtemps cette région a vécu grâce aux mines de charbon, aujourd'hui fermées (la dernière a été fermée en 1990). La mise en service du **TGV** entre Paris, Londres, Bruxelles et Amsterdam a donné un nouvel élan à l'économie. La capitale régionale est **Lille** (environ 200 000 habitants).

À visiter, à voir

• **La cathédrale Notre-Dame à Amiens :** édifiée au XIIIe siècle, la cathédrale Notre-Dame est le plus vaste édifice gothique de France. Un spectacle *sons et lumières* a lieu dans cette cathédrale chaque année. Depuis 1981, elle est sur la liste du patrimoine mondial de l'Unesco*.

• **Les hortillonnages :** ce sont des jardins de cultures maraîchères situés sur de petits îlots. Une fois dans l'année, un marché se déroule en barque et en costumes d'autrefois.

• **Le musée d'Art moderne de Villeneuve-d'Ascq :** construit en briques typiques de l'architecture du Nord, il date des années quatre-vingt. Il abrite une collection importante d'art moderne, d'art contemporain et de nombreuses sculptures dans son parc.

• **Le Touquet-Paris-Plage :** c'est la plage la plus proche de Paris. Le Touquet est aussi connu pour son architecture balnéaire qui date de la fin du XVIIIe siècle et pour ses activités sportives (la voile et le char à voile).

Les hortillonnages à Amiens.

■ **Quelques personnages célèbres**

Jules Verne passe une grande partie de sa vie à Amiens où il écrit *Voyages extraordinaires*.
Henri Matisse, peintre célèbre, naît au Cateau-Cambrésis (Nord) en 1869.

■ **Spécialités gastronomiques**

La bière et la flamiche (tarte salée) dans le Nord. La crème Chantilly en Picardie.

■ **Activités économiques**

Picardie : industrie du verre de Saint-Gobain, industrie agroalimentaire (Findus, Nestlé, Panzani), tourisme.
Nord-Pas-de-Calais : pêche industrielle et industrie alimentaire du poisson ; industrie textile ; élevage industriel ; culture de céréales.

1 Regardez la carte au début du livre. Situez la Picardie et le Nord-Pas-de-Calais.

_____

2 Dans quels départements sont situées les capitales de ces régions ?

_____

3 Associez le Nord-Pas-de-Calais et la Picardie à trois mots et dites pourquoi.

_____

_____

4 Pourquoi le TGV a-t-il fait de Lille une ville plus dynamique ?

_____

_____

5 Observez la carte de la page 8 : comment vous représentez-vous la Picardie ?

_____

_____

_____

6 Pourquoi peut-on dire d'Amiens qu'elle est une « ville verte et bleue » ?

_____

_____

Char à voile sur la plage du Touquet.

CHAMPAGNE-ARDENNE, ALSACE ET LORRAINE

La ville de Colmar.

• La Champagne-Ardenne

C'est une région de passage, connue avant tout pour le **champagne** et ses caves. Le succès de ce vin se traduit en chiffres : en 1999, 327 millions de bouteilles ont été vendues ! Les **vignobles** occupent 62 % de l'espace régional et leur qualité est due au sol et au climat particulier de cette région. La capitale régionale est **Châlons-en-Champagne** (environ 50 000 habitants), mais la ville la plus connue est **Reims**.

• L'Alsace et la Lorraine

L'Alsace et la Lorraine sont deux régions **frontalières** avec une forte identité culturelle et une histoire tourmentée. Entre 1871 et 1945, elles ont appartenu tantôt à l'Allemagne, tantôt à la France. Elles sont les seules régions de France où s'applique le **concordat***, c'est-à-dire qu'un enseignement religieux est donné à l'école publique. L'Alsace est le troisième pôle scientifique français. La capitale régionale est **Strasbourg** (environ 267 000 habitants), siège du Conseil de l'Europe* et du Parlement européen*. La Lorraine, ancien centre minier en crise depuis les années soixante-dix, et région à forte migration dans la première moitié du XXe siècle, est aujourd'hui en pleine reconversion. La capitale régionale est **Metz** (environ 127 000 habitants).

À visiter, à voir

• **Colmar** : la ville se caractérise par ses maisons gothiques et de la Renaissance et par les nombreux canaux qui la traversent.

• **La place Stanislas à Nancy** : le roi Stanislas (dernier duc de Lorraine) a fait construire cet ensemble architectural, aujourd'hui classé sur la liste du patrimoine mondial de l'Unesco*.

• **Le parc naturel* régional de la forêt d'Orient** : il abrite des lacs et des forêts. C'est le paradis des oiseaux : plus de 267 espèces ont été observées à ce jour.

• **La cathédrale de Reims** est un bel exemple de l'architecture gothique. C'est ici que, depuis Clovis, les rois étaient sacrés.

■ **Personnages célèbres**

Jean de La Fontaine, auteur des célèbres *Fables*, naît en 1621 à Château-Thierry.
Paul Verlaine, poète symboliste, naît à Metz en 1844.
Arthur Rimbaud, poète symboliste, naît à Charleville-Mézières en 1854.
Bernard-Marie Koltès, un des dramaturges contemporains les plus connus en France, naît à Metz en 1948.

■ **Spécialités gastronomiques**

Champagne-Ardenne : la viticulture, la culture de céréales, le champagne.
Alsace-Lorraine : la quiche lorraine, le munster (fromage de vache), la tarte aux mirabelles, la choucroute alsacienne, le kouglof (gâteau alsacien), le riesling (vin blanc d'Alsace).

■ **Activités économiques**

Alsace : viticulture, tabac, industrie automobile, textile, biotechnique, électronique.
Lorraine : lait, céréales, élevage, bois, industrie sidérurgique et métallurgique, industrie automobile, transformation de métaux, cristalleries (Baccarat).

1 Regardez la carte au début du livre. Situez la Champagne-Ardenne, l'Alsace et la Lorraine.

2 Dans quels départements sont situées les capitales de ces régions ?

3 Associez la Champagne-Ardenne, l'Alsace, la Lorraine à trois mots et dites pourquoi.

4 Pourquoi la ville de Reims est-elle plus connue que la capitale régionale ?

5 Lisez le texte placé ci-contre et rédigez un slogan publicitaire pour les *Noëlies*.

Festival des Noëlies

Noël, qui signifie nativité, est une histoire datant de deux mille ans, mais c'est aussi une fête actuelle. En Alsace, pendant la période de l'Avent (les quatre semaines qui précèdent Noël), Noël est aussi un événement qui concerne tout le monde. Grâce à la présence d'artistes de haut niveau, le festival Les Noëlies propose des manifestations originales (musicales, théâtrales, artistiques), où l'homme d'aujourd'hui tient une plus grande place.

D'après un document de l'office du tourisme d'Alsace, 2002-2003.

6 En quoi la situation de l'Alsace et de la Lorraine est-elle particulière par rapport à d'autres régions de France ?

BOURGOGNE ET FRANCHE-COMTÉ

• La Bourgogne

C'est une région aux paysages très variés. Le plus beau et le plus apprécié de ces paysages est le vignoble. La culture de la vigne existe depuis la conquête romaine. Très vite, les **vins** de Bourgogne ont connu une grande renommée. Le vignoble de la Côte d'Or s'étend sur plus de 60 kilomètres : c'est la voie royale pour les gastronomes ! La capitale régionale est **Dijon** (environ 150 000 habitants).

• La Franche-Comté

Cette région devient française en 1678. Depuis cette date, la capitale régionale est **Besançon** (environ 120 000 habitants). À la demande de Louis XIV, qui souhaite une ville fortifiée à l'est du pays, Vauban construit une **citadelle***. Ce chef-d'œuvre de l'architecture militaire abrite maintenant le Musée populaire comtois, le musée d'Histoire naturelle et le musée de la Résistance et de la Déportation.

Les toits polychromes de Beaune.

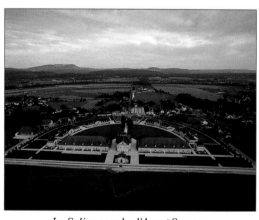

La Saline royale d'Arc-et-Senans.

À visiter, à voir

• **L'Hôtel-Dieu à Beaune :** les étrangers connaissent en général les toits et les façades de cet ancien hôpital. Il s'agit de toits polychromes aux couleurs vives et aux formes géométriques parfaitement conservés. Cet édifice est considéré comme le joyau de l'architecture médiévale bourguignonne.

• **La Saline royale d'Arc-et-Senans :** depuis l'Antiquité, le Jura produit du sel. À partir du XVIIIᵉ siècle, le centre de production est la ville d'Arc-et-Senans. La Saline a fonctionné comme usine pendant quelques décennies seulement. Aujourd'hui, des fêtes, des spectacles et des expositions y sont organisés chaque année. Depuis 1983, cette Saline est classée sur la liste du Patrimoine mondial de l'Unesco*.

■ **Quelques personnages célèbres**

Louis Pasteur naît à Dole en 1822.
Gustave Eiffel naît à Dijon en 1832.
Victor Hugo naît en 1802 à Besançon où son père se trouvait en garnison.
Auguste et Louis Lumière, inventeurs du cinématographe, naissent à Besançon en 1862 et 1864.

■ **Spécialités gastronomiques**

Le bœuf bourguignon, plat familial et traditionnel, à base de vin rouge ; la moutarde de Dijon ; le Kir, apéritif à base de vin blanc et de crème de cassis ; le comté, fromage fabriqué dans le massif du Jura.

■ **Activités économiques**

Bourgogne : secteur alimentaire (vins, moutarde, bœufs du Charolais, pain d'épice), industrie chimique, cuir, papier.
Franche-Comté : encore un peu d'horlogerie, mécanique de haute précision, industrie automobile, industrie agroalimentaire.

1 Regardez la carte au début du livre. Situez la Bourgogne et la Franche-Comté.

_____

2 Dans quels départements se trouvent les capitales de ces régions ?

_____

3 Associez la Bourgogne et la Franche-Comté à trois mots et dites pourquoi.

_____

_____

4 À quelles œuvres associez-vous le nom de Victor Hugo ? (Aidez-vous d'une encyclopédie)

_____

5 À quelles œuvres associez-vous le nom de Gustave Eiffel ? (Aidez-vous d'une encyclopédie)

_____

6 Imaginez une publicité pour développer le tourisme en Franche-Comté. (Vous pouvez parler d'un personnage célèbre, des spécialités de la région, de l'activité économique…)

_____

_____

_____

NORMANDIE

La Normandie comprend la **Haute-Normandie** (capitale régionale : **Rouen**, environ 110 000 habitants) et la **Basse-Normandie** (capitale régionale : **Caen**, environ 117 000 habitants). C'est une région aux paysages variés (collines, bocages*, forêts et 500 kilomètres de côte). La Normandie est aussi la région la plus pluvieuse de France ! Ses plages ont connu des événements historiques : c'est ici que les Américains ont débarqué en 1944.

À visiter, à voir

• **La maison de Claude Monet à Giverny :** c'est la maison que le peintre impressionniste* habite de 1883 jusqu'à sa mort en 1926. Il n'y a là aucune toile ; on y vient pour observer le cadre de vie et le jardin que Monet a entièrement créé. Il a peint ici certaines de ses plus belles toiles, comme les *Nymphéas*.

• **La cathédrale de Rouen :** cette belle cathédrale gothique a été édifiée en plus de trois siècles (XIIe-XVIe). Très abîmée pendant les bombardements en 1944, elle a été complètement restaurée. Claude Monet l'a souvent peinte.

• **Honfleur :** petit port de pêche, créé sous Louis XIV. Le Vieux Bassin est l'endroit le plus connu de la ville : il est entouré de petites maisons qui datent des XVIIe et XVIIIe siècles, ainsi que de nombreux restaurants.

• **Le Mont-Saint-Michel** est impressionnant. Construit sur une petite île entre les XIe et XVIe siècles, c'est une forteresse renfermant une petite ville et une abbaye*. C'est aussi un des sites touristiques les plus célèbres de France.

Au Mont-Saint-Michel ont lieu les plus grandes marées d'Europe continentale : jusqu'à 15 mètres de différence entre la marée basse et la marée haute. La mer monte et descend sur une distance de 15 kilomètres environ.

■ **Quelques personnages célèbres**

Gustave Flaubert naît à Rouen en 1821.
Eugène Boudin, maître de Claude Monet, naît à Honfleur en 1824.
Erik Satie, musicien français, naît à Honfleur en 1866.

■ **Spécialités gastronomiques**

Le camembert et le livarot (fromages de vache), les coquilles saint-jacques, la crème fraîche, le calvados (alcool de pomme) et le cidre.

■ **Activités économiques**

Élevage de bovin laitier et produits laitiers ; cultures maraîchères et fruitières (pomme) ; centrale nucléaire de Flamanville ; activités portuaires.

1 Regardez la carte au début du livre. Situez la Haute-Normandie et la Basse-Normandie.

_____

2 Dans quels départements sont situées les capitales de ces régions ?

_____

3 Associez la Normandie à trois mots et dites pourquoi.

_____

_____

4 À votre avis, pourquoi le Mont-Saint-Michel est-il très fréquenté ?

_____

5 On parle d'une « réponse de Normand » quand on ne répond à une question ni par un « oui » ni par un « non ». Y a-t-il une expression équivalente chez vous ?

_____

6 Pourquoi la Normandie est-elle une région touristique ? Faites une liste des raisons qui vous donnent envie de visiter cette région.

_____

_____

_____

BRETAGNE

L'île d'Ouessant.

La Bretagne est la région la plus à l'ouest de la France. Sa position maritime a marqué son histoire et son mode de vie. Traditionnellement pays de **marins** et d'**agriculteurs**, la Bretagne est encore aujourd'hui tournée vers l'océan et vers la terre. Grâce à la variété de ses côtes et à sa vingtaine d'îles (les plus importantes sont Batz, Bréhat, Ouessant, Belle-Île, Groix), grâce à ses villages de granit et à ses églises, c'est une région touristique. La **pêche** reste active (Lorient, Douarnenez). L'**agriculture** s'est développée et a changé. Elle est aujourd'hui mécanisée, tournée vers l'élevage et les grandes exploitations agricoles.

La Bretagne est aussi devenue une région **d'industries** et de **services***, après les grands travaux qui ont modifié le réseau de communication (larges routes, TGV) et ont aidé à la création d'entreprises nouvelles. Longtemps pauvre, c'est maintenant une région riche. **Rennes** (250 000 habitants environ) est la capitale régionale.

À visiter, à voir

• **Saint-Malo :** un port historique qui est aussi une ville entourée de remparts (hauts murs de protection).

• **Ouessant :** une île située près de Brest, à la beauté sauvage. Quand la mer est mauvaise, la navigation y est dangereuse ; un dicton dit : « Qui voit Ouessant voit son sang. »

• **Le Festival interceltique de Lorient :** un festival international de musique qui, au mois d'août, invite des musiciens venant de pays celtiques* à jouer de la musique traditionnelle, mais aussi du rock, du jazz et de la musique symphonique.

■ **Quelques personnages célèbres**

René de Chateaubriand, écrivain, naît à Saint-Malo en 1768.
Éric Tabarly, célèbre navigateur breton, disparaît en mer en 1998.
Merlin l'Enchanteur, magicien des légendes celtes.

■ **Spécialités gastronomiques**

Les crêpes (salées et sucrées), le cidre, les coquillages, les crustacés et les poissons.

■ **Activités économiques**

Agriculture (élevage de porcs et de bovins, poulaillers industriels, maïs et orge) ; pêche ; tourisme ; industrie automobile, télécommunications.

1 Regardez la carte au début du livre. Situez la Bretagne.

_____

2 Dans quel département est située la capitale de cette région ?

_____

3 Associez la Bretagne à trois mots et dites pourquoi.

_____

_____

4 À la manière de l'écrivain George Perec, qui a écrit _Deux cent quarante-trois cartes postales en couleurs véritables_, envoyez une carte postale traditionnelle de Bretagne :

_____
_____
_____
_____
_____

Nous campons non loin de Perros-Guirec. À force de rester sur la plage, j'ai pris un coup de soleil. Baisers.

Nous traversons Quiberon. Douce inaction. On mange très bien. Je prends un peu de ventre. Baisers à vous.

Un petit mot de Quimperlé ! on se dore au soleil. Fruits de mer à gogo. J'ai appris à faire les crêpes. Mille pensées.

George Perec, _L'Infra-ordinaire_, Seuil, 1989.

5 Pourquoi la Bretagne est-elle devenue une région riche ?

_____

LE CENTRE ET LES PAYS DE LA LOIRE

Ces deux régions ont plusieurs points communs : la **Loire**, la variété des paysages, la douceur du climat et, bien entendu, les **châteaux royaux** de la Renaissance (Blois, Chenonceaux, Chambord, Azay-le-Rideau…)! Le Centre se distingue principalement pour ses plaines et ses forêts, alors que la région des Pays de la Loire se distingue surtout pour ses côtes très fréquentées par les familles en été (Vendée). Ce sont des régions riches d'histoire et de vestiges du passé (la cathédrale de Chartres, la cathédrale de Bourges, la vieille ville de Tours, etc.). **Orléans** est la capitale régionale du Centre (environ 117 000 habitants) et **Nantes** est la capitale des Pays de la Loire (environ 278 000 habitants).

À visiter, à voir

• **Amboise :** la ville d'Amboise a une histoire très ancienne. En 1434, elle devient résidence royale. Son agrandissement et sa modernisation doivent beaucoup à François Ier. Le château, édifié aux XVe et XVIe siècles, devient ainsi la première résidence royale de la Renaissance. En été, on propose des animations sur cette période historique.

• **Le Clos-Lucé,** résidence de Léonard de Vinci (de 1517 à 1519) où sont exposées ses fabuleuses machines.

• **L'île de Noirmoutier** est une petite île basse qui se caractérise par ses dunes et ses marais salants, où on récolte du sel. L'île vit aussi de la pêche et de l'ostréiculture*.

La Loire à Chaingy.

■ Personnages célèbres

François Rabelais, auteur de *Gargantua* et de *Pantagruel*, naît à Chinon en 1494.
Balzac, auteur de la *Comédie humaine*, naît à Tours en 1799.
Léonard de Vinci meurt à Amboise (1519).
Aristide Bruant, le chansonnier de Montmartre, naît en 1851 à côté de Montargis.

■ Spécialités gastronomiques

Fromages de chèvre (crottin, saint-maur), vins de Touraine, escargots, tarte Tatin (tarte aux pommes caramélisées).

■ Activités économiques

Agriculture, industrie du caoutchouc, informatique, armement, aérospatiale, automobile, cosmétologie (Dior, Guerlain…), activités portuaires et constructions navales (le port de Saint-Nazaire).

1 Regardez la carte au début du livre. Situez le Centre et les Pays de la Loire.

2 Dans quels départements sont situées les capitales de ces régions ?

3 Associez le Centre et les Pays de la Loire à trois mots et dites pourquoi.

4 Quels types de tourisme trouve-t-on dans ces régions ?

5 Dans cet extrait de *Gargantua*, quel genre de moine* est le moine de Rabelais ?

> « Jamais homme noble ne hait le bon vin, c'est un précepte monacal. »
>
> Rabelais, *Gargantua*, chapitre XXVII.

6 Regardez les photos : quelles sont les caractéristiques des châteaux Renaissance ?

Le château de Chambord.

Le château de Chenonceaux.

ÎLE-DE-FRANCE

L'Île-de-France est la région située autour de **Paris**. Les trois départements qui entourent la capitale (les Hauts-de-Seine, la Seine-Saint-Denis, le Val-de-Marne) forment la « **petite couronne** » ; les autres (l'Essonne, les Yvelines, le Val-d'Oise, la Seine-et-Marne), la « **grande couronne** ».

Une ville nouvelle.

• Une place centrale en France
Malgré la **décentralisation***, l'Île-de-France occupe une place centrale administrativement, démographiquement, économiquement et politiquement. C'est la région la plus peuplée de France (environ 11 millions d'habitants). C'est aussi la région qui compte le plus d'entreprises, de banques et d'administrations, et c'est le lieu où un grand nombre de décisions politiques sont prises.

• La région qui offre le choix culturel le plus large
C'est la première destination touristique du monde (21 millions de visiteurs par an). On trouve dans la région les monuments du « Paris historique » et les nouvelles réalisations parisiennes, comme la Bibliothèque nationale de France, les nouveaux jardins comme le parc Citroën, de nombreux théâtres, des salles de concerts ou de cinéma, des musées. À cela s'ajoutent les parcs de loisirs (parc Astérix*, Disneyland), les maisons de la Culture (Bobigny), les grands châteaux et parcs (Versailles, Vaux-le-Vicomte, Sceaux), et les forêts des environs de la capitale (Fontainebleau, Rambouillet). Pour les **Franciliens***, qui apprécient sa richesse, la région présente aussi les difficultés des grandes agglomérations : pour certains banlieusards*, l'Île-de-France est synonyme de grandes cités bétonnées, de longs trajets quotidiens, d'une circulation automobile difficile et d'une pollution importante.

Guinguette* en bord de Marne.

À visiter, à voir
- **Saint-Germain-en-Laye,** pour la ville, le château et la forêt.
- **La Vallée-aux-Loups**, résidence de René de Chateaubriand.
- **Les bords de Marne** et ses guinguettes* pour danser et déjeuner.

■ **Personnages célèbres**

Claude Debussy, musicien, naît à Saint-Germain-en-Laye en 1862.
Les peintres impressionnistes (Pissarro, Monet, Manet, Sisley, Renoir, etc.) ont habité et peint les bords de Seine.
Barbara, chanteuse célèbre, avait choisi de s'installer à Précy-sur-Oise.
Robert Doisneau, photographe, naît à Gentilly en 1912.

■ **Spécialités gastronomiques**

La cuisine du monde entier (cuisine française traditionnelle, chinoise, indienne, italienne, arabe, etc.) sans oublier la cuisine végétarienne.

1 Regardez la carte au début du livre. Situez la région Île-de-France.

2 Associez l'Île-de-France à trois mots et dites pourquoi.

3 Selon vous, où y a-t-il a le plus d'habitants en Île-de-France : dans la ville de Paris (Paris intra-muros) ou en banlieue ?

4 À votre avis, quels sont les avantages et les inconvénients d'habiter en l'Île-de-France ?

Avantages	Inconvénients

5 Pourquoi l'Île-de-France occupe-t-elle une position centrale en France ?

	V	F
À cause de sa position géographique.		
Pour des raisons historiques.		
Parce que la capitale, Paris, y est située.		
Parce que la France n'est pas vraiment décentralisée.		
Pour la qualité de l'environnement.		

PARIS

105 km², 2,2 millions d'habitants : Paris n'est pas une **capitale** gigantesque. On peut la parcourir à pied. La ville garde des traces de son histoire. Les rois, et après eux les présidents de la République, ont laissé leurs marques dans l'architecture et l'urbanisme.

La Pyramide du Louvre.

• Le Paris historique

Des siècles passés, il reste des bâtiments qui abritent des **administrations**, des **musées**, des **universités**, des **salles de spectacles** (Palais de justice, musée du Louvre, musée d'Orsay, Sorbonne, palais-Garnier). Il reste aussi des **places** prestigieuses ou charmantes (place Vendôme, place de la Concorde, place des Vosges), de grandes **avenues** (les Champs-Élysées, les Grands Boulevards), des **parcs** et **jardins** (bois de Vincennes et de Boulogne, jardin des Tuileries, du Luxembourg, des Buttes-Chaumont), des **églises** (Notre-Dame, Sacré-Cœur de Montmartre), des **curiosités** (la tour Eiffel).

• Paris a changé

En vingt-cinq ans, de **nouveaux bâtiments** ont été construits ou rénovés : le centre d'art moderne Pompidou, le Palais omnisports* de Bercy, le Grand Louvre et sa pyramide, le parc de la Villette, le ministère de l'Économie de Bercy, la Bibliothèque nationale (la BNF), la Grande Arche de la Défense, l'Opéra de la Bastille. Autre changement : Paris est **moins peuplé** (à cause du prix des appartements et de la perte des emplois industriels), mais les **banlieues proches**, bien reliées par les transports en commun, font presque partie de la ville.

• Quartiers de Paris

Les vingt **arrondissements*** ne se ressemblent pas. Le Nord et l'Est, encore populaires et souvent multiculturels, sont différents des « beaux quartiers » traditionnels de l'Ouest et des quartiers du centre historique. Mais, partout, Paris est la ville des **cafés**.

Bords de Seine à l'été 2002.

1   Associez Paris à trois mots et dites pourquoi.

---

2   Situez, sur le plan, les monuments d'hier et les monuments d'aujourd'hui. Que remarquez-vous ?

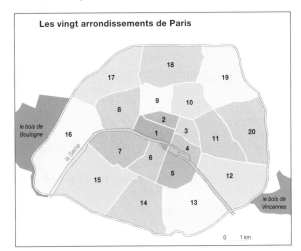

Les vingt arrondissements de Paris

Notre-Dame : 1er
Tour Eiffel : 7^e
BNF : 12^e
Palais de Chaillot : 16^e
Musée du Louvre : 1er
Musée d'Orsay : 7^e
Palais omnisports de Bercy : 12^e
Parc de La Villette : 19^e
Opéra de la Bastille : 12^e
Palais Garnier : 9^e
Le Sacré-Cœur : 18^e

L'escargot des arrondissements parisiens.

---

3   Observez la photo en bas de la page 26. Vous paraît-elle étonnante ? Pourquoi ?

---

4   Certaines stations du métro parisien portent le nom de personnages :

Voltaire	Alexandre Dumas	Gambetta	Émile Zola
Charles de Gaulle	Victor Hugo	Robespierre	Franklin Roosevelt

Y a-t-il parmi eux des peintres ? Des écrivains ? Des hommes politiques ? Des femmes politiques ?
Des militaires ? Des musiciens ?

---

5   Chez vous, les rues de la capitale portent-elles des noms de peintres, d'écrivains, d'hommes
politiques, de femmes politiques, de militaires, de musiciens ? Quelle conclusion en tirez-vous ?

AUVERGNE ET LIMOUSIN

Ces deux régions se situent dans le Massif central, territoire très dépeuplé, surtout à cause d'un climat rude et d'un réseau de communication longtemps peu développé. En ce qui concerne le paysage, ce sont des régions très vertes et très riches en eau, grâce aux nombreuses sources et à l'humidité du climat. L'Auvergne est la terre des **volcans** (aujourd'hui éteints), des **lacs** et des **sources thermales** (Vichy, Mont-Dore), alors que le Limousin présente des **plateaux** couverts de **prairies** et de **forêts**. La capitale régionale de l'Auvergne est **Clermont-Ferrand** (environ 141 000 habitants), important **centre industriel** et **ouvrier** depuis le XIXe siècle (les usines Michelin s'y installent en 1881). La capitale régionale du Limousin est **Limoges** (environ 137 000 habitants), connue pour sa **porcelaine** et son **émail**.

À visiter, à voir

• **Le parc naturel* régional des volcans d'Auvergne** : c'est le plus grand parc de France (395 000 hectares et 153 communes*). Créé en 1977, il présente un territoire intact façonné par les éruptions volcaniques et les glaciers.

• **Le Musée national de la porcelaine à Limoges** : dans un décor de fin de siècle, on y découvre une collection de plus de 12 000 pièces céramiques de toutes origines et de toutes époques.

Le parc des volcans.

■ **Personnages célèbres**

Blaise Pascal, savant, penseur et écrivain, naît à Clermont-Ferrand en 1623.
Auguste Renoir, fameux peintre, naît à Limoges en 1841.
Georges Pompidou, président français de 1969 à 1974, naît dans le Cantal en 1911.

■ **Spécialités gastronomiques**

Fromages de vache (la fourme d'Ambert, le bleu d'Auvergne, le cantal, le saint-nectaire), petit salé aux lentilles, potée auvergnate (plats d'hiver).

■ **Activités économiques**

Industrie agroalimentaire, élevage laitier, industrie du caoutchouc et du plastique, coutellerie, tourisme, tabac, porcelaine et émail.

1 Regardez la carte au début du livre. Situez l'Auvergne et le Limousin.

_____

2 Dans quels départements sont situées les capitales de ces régions ?

_____

3 Associez ces régions à trois mots et dites pourquoi.

_____

_____

4 Regardez la carte de la page 1. Pourquoi, à votre avis, la construction d'un réseau de communication a-t-elle été difficile dans ces régions ?

_____

5 L'Auvergne est connue pour ses sources thermales. Lisez l'encadré ci-contre. Cette thérapie est-elle pratiquée chez vous ?

_____

_____

TOURISME THERMAL

Il s'agit d'utiliser les eaux de source pour soigner et guérir différentes maladies (maladies de la peau, maladies respiratoires, maladies digestives…).

6 Que pensez-vous de ce type de thérapie ?

_____

_____

RHÔNE-ALPES

Paysage des Alpes.

Cette vaste région aux paysages variés (hautes montagnes dans les Alpes, large vallée autour des fleuves Saône et Rhône, montagnes douces dans le Massif central) compte une **agglomération*** importante, celle de **Lyon** (environ 1 600 000 habitants), et plusieurs villes moyennes : Grenoble, Saint-Étienne, Annecy, Chambéry.

Placée géographiquement entre le Nord et le Sud de l'Europe, Rhône-Alpes est la **deuxième région économique** de France, grâce à une économie diversifiée et un bon réseau de communication. L'ouest de la région (le département de la Loire) connaît cependant des difficultés économiques, avec la crise de l'industrie traditionnelle.

À visiter, à voir

• **Le théâtre romain de Lyon :** construit dans l'antiquité romaine, sur la colline de Fourvière, ce théâtre est particulièrement bien conservé.

• **Le vieux Lyon**, avec ses maisons gothiques et de la Renaissance.

• **La fête des Lumières :** le 8 décembre, Lyon est « ville-lumière » pour rappeler le jour où la ville a été sauvée de la peste (plus d'un million de personnes dans la rue chaque année).

• **Annecy,** que les Savoyards comparent à Venise à cause de ses canaux, est située au bord du lac le plus propre d'Europe.

• **Le mont Blanc,** sommet le plus élevé d'Europe (4 807 m).

■ **Quelques personnages célèbres**

Stendhal, écrivain né à Grenoble en 1783, qui n'aimait pas sa ville.
Guignol, marionnette créée à Lyon au XIXᵉ siècle, est connue de tous les enfants.
Saint-Exupéry, aviateur et écrivain, auteur du *Petit Prince,* naît à Lyon en 1900.

■ **Spécialités gastronomiques**

Beaucoup de grands restaurants réputés. Et puis… le saucisson à la lyonnaise, les vins blancs de Savoie, la fondue savoyarde (fromages fondus mangés avec des pommes de terre et de la charcuterie), le reblochon et la tomme de Savoie (fromages de vache).

■ **Activités économiques**

Commerce et échanges bancaires (Lyon), industrie (textile et chimique autour de Lyon, informatique et électronique à Grenoble), agriculture (culture de fruits et légumes dans la plaine, élevage bovin en montagne), tourisme (sports d'hiver et séjours d'été en montagne, dans les stations de Savoie et de Haute-Savoie).

1 Regardez la carte au début du livre. Situez la région Rhône-Alpes.

2 Dans quels départements sont situées la capitale et les autres villes moyennes de cette région ?

3 Associez Rhône-Alpes à trois mots et dites pourquoi.

4 À votre avis, pourquoi la région Rhône-Alpes est-elle touristique ?

5 L'État français décide de créer un timbre en l'honneur de Saint-Exupéry. Que vous attendez-vous à voir sur ce timbre ?

6 En utilisant les informations données page 30, présentez cette région à un ami.

PACA ET CORSE

> « J'aime les pays où l'on a besoin d'ombre ».
>
> Stendhal

• PACA

La région Provence-Alpes-Côte d'Azur (PACA) évoque le soleil, la mer et l'accent du midi. La région vit surtout de **l'industrie touristique**, mais présente des aspects contrastés. Sur La **Côte d'Azur**, à l'est, se trouvent les **stations balnéaires*** (Saint-Tropez, Cannes, Antibes, Nice), mais aussi des activités de haute technologie (technopole de Sophia-Antipolis). À l'intérieur, la beauté des vieilles villes (Aix, Avignon, Arles) et des villages, les couleurs et les odeurs de la Provence attirent l'été de nombreux touristes. À l'ouest, autour de **Marseille**, capitale régionale (1 400 000 habitants environ) et premier port français, une activité industrielle s'est développée. Située au bord de la **Méditerranée**, cette terre est aussi une terre d'immigration où richesse et pauvreté coexistent.

• La Corse

L'île de Beauté se caractérise par la variété de ses côtes (plus de 1 000 kilomètres) et la présence de la montagne. Grâce à la beauté des paysages et à la douceur du climat, elle bénéficie du **tourisme** mais connaît, dans les autres secteurs économiques, des difficultés. L'intérieur du pays souffre de l'**exode rural***. L'**identité culturelle** est forte et s'exprime en particulier par l'usage de la **langue corse**. La capitale régionale est **Ajaccio** (environ 55 000 habitants).

À visiter, à voir

- Le festival de théâtre **d'Avignon**, en juillet, dans cette cité, autrefois **cité des papes**.
- Le village des **Baux-de-Provence** pour la couleur de ses pierres.
- **La Camargue,** domaine des chevaux, des taureaux et des flamants roses.

- **La Restonica**, vallée sauvage de la Corse intérieure, aux eaux claires, fréquentée par les randonneurs.
- **La citadelle génoise de Calvi** qui domine la mer.

En Corse, la montagne tombe dans la mer.

■ **Quelques personnages célèbres**

Napoléon 1er naît à Ajaccio en 1769.
Jean Giono, écrivain, naît à Manosque en 1895.
Marcel Pagnol, écrivain, naît à Aubagne en 1895.
Les peintres **Paul Cézanne, Vincent Van Gogh, Pablo Picasso, Henri Matisse** ont peint la Provence.
Éric Cantona, footballeur, naît à Marseille en 1966.

■ **Spécialités gastronomiques**

La bouillabaisse marseillaise (plat de poissons), la ratatouille niçoise, le broccio (fromage corse, de chèvre ou de brebis) l'huile d'olive, la farine de châtaigne.

■ **Activités économiques**

Activité portuaire, tourisme balnéaire, tourisme vert, industrie agroalimentaire, cultures maraîchères, culture d'oliviers, un peu de vignoble.

1   Regardez la carte au début du livre. Situez la PACA et la Corse.

_____

2   Dans quels départements sont situées les capitales de ces régions ?

_____

3   Associez ces régions à trois mots et dites pourquoi.

_____

_____

_____

4   Dans le tableau de Cézanne ci-contre, quels sont les éléments caractéristiques de la Provence ?

_____

_____

Cézanne, L'Estaque, vue sur le golfe *(1883-1885).*

5   Y a-t-il dans votre pays des régions qui, comme la Corse, affirment leur forte identité culturelle ? Si oui, quelles sont les caractéristiques de ces régions ?

_____

_____

LE LANGUEDOC-ROUSSILLON

• La langue d'oc

La langue française n'a pas toujours été homogène. Dans la France du Nord, on parlait la langue d'*oïl** et dans la France du Sud, la langue d'*oc** (un petit mot qui est devenu « oui »). C'est l'origine du nom « Languedoc », qui désigne maintenant une région.

• La région

Le Languedoc-Roussillon est tourné au sud vers la mer Méditerranée (on y compte 40 plages), mais ce n'est pas seulement une région maritime. Parmi les cinq départements de la région, trois sont situés au bord de la mer. On trouve des **montagnes** au nord (dans le Massif central) et au sud-ouest (dans les Pyrénées) ; ailleurs, des **plateaux** secs, des **collines**, des **coteaux** avec des vignes, une basse **plaine** bordée de sable. C'est donc une région diversifiée géographiquement et économiquement. Le Languedoc oriental est plus dynamique que le Languedoc occidental : c'est à l'est que se trouvent les villes les plus importantes (Nîmes, et surtout **Montpellier**, capitale régionale de 230 000 habitants environ), les quelques industries, les centres touristiques. Depuis quarante ans, la population de Montpellier a doublé. Cette ville universitaire est aussi un **pôle technologique**.

Le quartier Antigone de Ricardo Bofill à Montpellier.

À visiter, à voir

• **Le parc national des Cévennes**, créé en 1970.

• **Nîmes,** pour ses arènes romaines.

• **Montpellier,** pour l'ensemble de la ville et l'architecture des nouveaux quartiers.

■ **Personnages célèbres**

Alphonse Daudet, auteur du livre *Les lettres de mon moulin*, naît à Nîmes en 1840.
Les Camisards*, protestants qui luttent au début du XVIIIᵉ siècle contre les armées de Louis XIV.

■ **Spécialités gastronomiques**

Le pélardon (fromage de chèvre sec), la châtaigne, les vins du Minervois et des Corbières.

■ **Activités économiques**

Polyculture et élevage dans l'arrière-pays, vignoble, culture maraîchère dans la basse plaine, tourisme, industrie textile (Nîmes), services, techniques de l'information, électronique, biotechniques, laboratoires pharmaceutiques à Montpellier.

1 Regardez la carte au début du livre. Situez le Languedoc-Roussillon.

2 Dans quel département est située la capitale de cette région ?

3 Associez cette région à trois mots et dites pourquoi.

4 Connaissez-vous, en France, d'autre villes que Nîmes qui gardent des traces de l'antiquité romaine ?

5 On prévoit qu'en 2015 Montpellier comptera 600 000 habitants. À votre avis, pourquoi cette ville attire-t-elle de nouveaux habitants ?

6 Vous souhaitez être étudiant *Erasmus**
à Montpellier. Il y a beaucoup de candidats pour étudier dans cette ville. Pour être sélectionné, on vous demande de justifier votre choix. Rédigez une lettre.

Tresmond, un hameau dans les Cévennes.

POITOU-CHARENTES ET AQUITAINE

Ces deux régions se caractérisent par la douceur des **températures**, un **ensoleillement** important sur le littoral et l'abondance des **pluies** au printemps.

• Le Poitou-Charentes

C'est une région de **plateaux** (au nord), de **plaines** (au sud) et de **marais** (du nord au sud), située sur la façade atlantique. Une grande partie de ses activités sont orientées vers la mer. La capitale régionale est **Poitiers** (environ 87 000 habitants).

Le marais poitevin.

• L'Aquitaine

Le nom de cette région vient du latin « pays des eaux ». Situé entre le Massif central et les Pyrénées, le Bassin aquitain s'ouvre sur le golfe de Gascogne. L'Aquitaine est connue pour la qualité de son **vignoble**, dont le plus apprécié est le bordelais, et pour son **industrie aérospatiale** (Ariane*). La capitale régionale est **Bordeaux** (environ 219 000 habitants), un port historique.

À visiter, à voir

• **Le marais poitevin** est un parc naturel* mi-terrien et mi-aquatique, entre la campagne et l'océan. On peut le visiter en barque.

• **Le Futuroscope de Poitiers** est le « parc européen de l'image et de la communication », inauguré en 1987. Il s'agit d'un parc scientifique et technologique dont les attractions (les galaxies, les océans, les voyages lointains, le cyber-monde…) se renouvellent continuellement.

• **Biarritz :** c'est grâce à l'impératrice Eugénie (femme de Napoléon III) que cette ville est devenue célèbre. Elle est connue pour ses plages – appréciées des surfeurs –, mais aussi pour ses jardins-promenades fleuris d'hortensias.

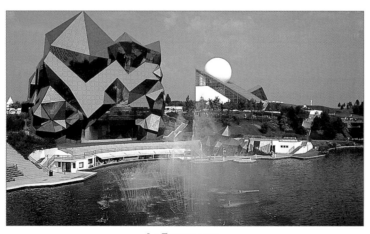

Le Futuroscope.

■ **Personnages célèbres**

Michel de Montaigne naît en Dordogne en 1533.
Michel Foucault naît à Poitiers en 1926.

■ **Un événement historique**

La bataille de Poitiers* en 732.

■ **Spécialités gastronomiques**

Vins de Bordeaux, pineau des Charentes (liqueur), cognac, bœuf charentais, beurre, confit* et magret de canard, foie d'oie, armagnac.

■ **Activités économiques**

Industrie agroalimentaire, aérospatiale et électrotechnique, industrie du papier, de l'ameublement, du bois, ostréiculture, tourisme (La Rochelle, îles de Ré et d'Oléron, Royan, chemin de Saint-Jacques-de-Compostelle…).

1 Regardez la carte au début du livre. Situez le Poitou-Charentes et l'Aquitaine.

2 Dans quels départements sont situées les capitales de ces régions ?

3 Associez ces régions à trois mots et dites pourquoi.

4 Comment peut-on expliquer les différents types de tourisme dans ces deux régions ?

5 Connaissez-vous d'autres vins français que le vin de Bordeaux ?

6 Quel intérêt trouvez-vous à un parc scientifique et technologique comme le Futuroscope ?

MIDI-PYRÉNÉES

Toulouse, la « Ville rose » traversée par la Garonne.

Cette région se caractérise par ses **contrastes**. L'océan Atlantique à l'ouest et la mer Méditerranée à l'est, les hauts sommets pyrénéens au sud et les pentes du Massif central au nord y délimitent une région aux climats très variés. Sa population ne cesse d'augmenter depuis la Seconde Guerre mondiale. Ce phénomène tient à la fois au **dynamisme économique** de la région et au fait que, malgré les départs d'une partie de la population vers d'autres régions, Midi-Pyrénées attire beaucoup d'habitants pour sa **qualité de vie**. Midi-Pyrénées est ainsi une des régions les plus visitées de France. Elle est aussi le premier pôle national de recherche en microbiologie et un important centre d'industrie aéronautique – avec à la présence d'Airbus*. La capitale régionale est **Toulouse** (environ 398 000 habitants), appelée « Ville rose » pour la couleur de ses édifices.

À visiter, à voir

• **Cahors** avec ses vieilles maisons typiques, ses églises anciennes et le pont Valentré, construit au XIVᵉ siècle.

• **Le canal* du Midi** est une voie navigable qui relie la Garonne à la Méditerranée. Construit entre 1666 et 1681, il devient le symbole de la puissance de la France du Roi-Soleil. Il est classé sur la liste du patrimoine mondial de l'Unesco*.

• **Albi,** appelée la « Ville rouge » pour la couleur de ses briques, est connue pour ses nombreux monuments et pour le musée Toulouse-Lautrec.

■ **Personnages célèbres**

Jean Jaurès, homme politique, naît à Castres en 1859.
Toulouse-Lautrec, peintre, naît à Albi en 1864.
Claude Nougaro, chanteur toulousain, naît en 1929.

■ **Spécialités gastronomiques**

Le roquefort, le foie gras, le cassoulet (plat à base de haricots blancs, de confit* d'oie et de viande), la piperade (plat à base de poivrons et de tomates).

■ **Activités économiques**

Chimie, biotechnologie, industrie aérospatiale et aéronautique, industrie agroalimentaire, tourisme.

1 Regardez la carte au début du livre. Situez Midi-Pyrénées.

_____

2 Dans quel département est située la capitale de cette région ?

_____

3 Associez cette région à trois mots et dites pourquoi.

_____

_____

Un titre de film à grand succès qui symbolise la région.

4 Le chanteur Claude Nougaro évoque la ville par ses couleurs. Quelles sont les couleurs caractéristiques de votre ville ?

Qu'il est loin mon pays, qu'il est loin
Parfois au fond de moi se raniment
L'eau verte du canal du Midi
Et la brique rouge des Minimes[1]
Ô mon païs, ô Toulouse

Claude Nougaro, *Toulouse.*

1. *Les Minimes* : quartier de Toulouse.

_____

_____

_____

_____

5 À votre avis, peut-on parler de décentralisation* pour la région Midi-Pyrénées ? Pourquoi ?

_____

_____

6 Vous décidez de visiter la région Midi-Pyrénées. Que choisissez-vous : la mer ou la montagne ?
Dites pourquoi.

_____

LES DOM

Guadeloupe et Martinique, Guyane et Réunion, Saint-Pierre-et-Miquelon : situées hors de l'Hexagone, ce sont les régions françaises **d'outre-mer***. Les lois françaises s'y appliquent mais elles peuvent être **adaptées** pour tenir compte des circonstances locales. Les régions d'outre-mer sont à la fois **région** et **département**. Soleil, rhum, cocotiers pour les Antilles, grand froid et pêche pour Saint-Pierre-et-Miquelon : des images caractérisent ces îles mais ne suffisent pas à les décrire.

• La Guadeloupe

Située dans les Petites Antilles, cette **région tropicale** (422 000 habitants environ) est formée de deux îles principales : Grande-Terre et Basse-Terre. Sur Basse-Terre, les volcans (**la Soufrière** est le plus important) sont en activité. Grande-Terre est formée par des plateaux peu élevés. La capitale, située sur Grande-Terre, est **Pointe-à-Pitre**. Pays de **métissage**, la Guadeloupe est marquée par son histoire : à partir du XVIIe siècle, des **esclaves noirs** sont amenés par les **colons blancs** pour cultiver la canne à sucre ou le café. Quand on a supprimé l'esclavage, de nombreux **Indiens** sont venus y travailler et certains sont restés en Guadeloupe. Actuellement, l'économie traditionnelle connaît des difficultés, malgré le tourisme.

• La Martinique

C'est une autre île volcanique des Petites Antilles (380 000 habitants environ) qui a pour capitale **Fort-de-France**. Cette île est, elle aussi, marquée par l'histoire coloniale. L'agriculture occupe maintenant une place réduite. En raison des difficultés économiques, l'émigration des Martiniquais vers la métropole est importante. Comme en Guadeloupe, la question du statut politique de l'île est régulièrement posée : l'île doit-elle rester **française**, être **autonome***, ou devenir **indépendante** ?

Sortie de classe aux Antilles.

■ **Activités économiques**

Tourisme (en baisse), bananes, canne à sucre, fruits tropicaux, peu d'industrie.

■ **Spécialités gastronomiques**

Rhum, accras (beignets pimentés), colombo (plat de viande pimenté).

■ **Personnages célèbres**

Aimé Césaire naît à la Martinique en 1913. Poète et homme politique, il a été maire de Fort-de-France pendant cinquante ans.
Édouard Glissant, poète de la négritude*, naît en Martinique en 1928.

1 Regardez la carte à la fin du livre. Situez la Guadeloupe et la Martinique.

_____

2 Associez ces régions à trois mots et dites pourquoi.

_____

_____

Édouard Glissant.

3 Vrai ou faux ? Les colons sont :

	V	F
les héritiers de Christophe Colomb		
ceux qui travaillent les champs		
ceux qui ont quitté leurs pays pour exploiter une terre ou faire du commerce		
les chefs politiques des colonies		
les descendants des immigrés installés dans le pays		
les habitants des colonies		

4 Qu'est-ce que le métissage pour vous ?

_____

_____

5 Comment se pose la question du statut politique des Antilles ?

_____

_____

6 La photo page 40 correspond-elle à l'idée que vous avez de ces régions ?

_____

_____

• **La Guyane française**

Cette région est située dans le nord de l'Amérique du Sud. Sa capitale est **Cayenne**. Faiblement peuplée (157 000 habitants environ), la Guyane est encore largement recouverte par la forêt. Comme toutes les régions équatoriales, elle a un climat chaud et pluvieux. Pendant longtemps, la Guyane a été connue pour le **bagne*** de Cayenne, où étaient emprisonnés des **forçats**. Le bagne a été supprimé en 1947. La Guyane est maintenant célèbre pour son **centre spatial de lancement de fusées** crée à Kourou en 1968. C'est de là qu'est lancée la fusée européenne **Ariane**.

• **La Réunion**

Dans l'océan Indien, à l'est de Madagascar, la Réunion est une île volcanique, aux paysages montagneux spectaculaires. À la veille de la Révolution française, la population était composée d'une majorité d'esclaves noirs et indiens, amenés pour cultiver le café, et de colons blancs. Après l'abolition de l'esclavage en 1848, l'île a connu une **immigration indienne et chinoise**. La population est maintenant assez **métissée**. Région **surpeuplée** (706 000 habitants environ) et sous-industrialisée, la Réunion dépend largement de l'aide financière de la métropole. Sa capitale est **Saint-Denis**.

Lancement d'Ariane à Kourou.

• **Saint-Pierre-et-Miquelon**

Habitée depuis le XVIIe siècle seulement, cette région peu peuplée (6 500 habitants environ) est un ensemble d'îles. Située près de la côte de Terre-Neuve au Canada, Saint-Pierre-et-Miquelon a un **climat froid** et **humide**. La **pêche**, qui constitue sa principale ressource, est aujourd'hui en déclin, et certains habitants émigrent vers le Canada.

■ **Activités économiques**

Réunion : tourisme, pêche, canne à sucre.
Saint-Pierre-et-Miquelon : pêche, un peu de tourisme.
Guyane : un peu d'agriculture (bananes, manioc), centre spatial (Kourou).

■ **Spécialités gastronomiques**

Réunion : samoussa (beignet mangé en entrée), cari – ou curry – d'agneau (plat de viande préparé avec des épices).
Saint-Pierre-et-Miquelon : morue, coquilles saint-jacques.

■ **Et la langue ?**

Dans les régions des Antilles et de l'océan Indien, on parle le français et différents créoles*. Les créoles, à l'origine langues uniquement orales, ont produit une riche littérature.

1 Regardez la carte à la fin du livre. Situez la Guyane, la Réunion et Saint-Pierre-et-Miquelon.

_____

_____

2 Associez ces régions à trois mots et dites pourquoi.

_____

_____

3 Les régions d'outre-mer décrites pages 40 et 42 se ressemblent-elles en ce qui concerne la population, la géographie, l'économie, l'histoire, la langue…

Ressemblances	Différences

4 Pourquoi, à votre avis, ces régions si éloignées de la métropole sont-elles des régions françaises ?

_____

_____

5 Y a-t-il dans votre pays des territoires nationaux éloignés de la métropole ? Si oui, quel est leur statut administratif ?

_____

Saint-Pierre-et-Miquelon vit de la pêche.

1

LA FRANCE EN EUROPE

Depuis 2004, l'Europe élargie compte vingt-cinq pays. L'**Union européenne**, qui est née après la Seconde Guerre mondiale, se construit lentement. Dans certains domaines (**monnaie unique***, systèmes d'éducation plus homogènes, libre circulation des citoyens européens de l'**espace de Schengen***, politique agricole commune), l'Europe est une réalité pour les Européens. Dans d'autres domaines (défense commune, Europe sociale et culturelle), elle reste à réaliser. La France est un des pays à l'origine du projet européen. Pour cette raison et aussi parce qu'elle est un pays économiquement assez prospère, elle occupe une place importante dans l'Europe actuelle. Le **Parlement européen*** a son siège à Strasbourg et **34 % des élèves** de l'enseignement secondaire en Europe étudient **le Français**, une des vingt et une langues officielles de la Communauté européenne.

EN FRANCE, COMME EN EUROPE ?

En France, par rapport à la moyenne des pays européens, les Français vivent en moyenne **plus longtemps**, ils ont **plus d'enfants**, ils **se marient moins** et ils **divorcent davantage**. Du point de vue économique, leur niveau de vie est **supérieur** à la moyenne des Européens. La France est un pays où on travaille plus qu'ailleurs dans les services*, où le **chômage** est à peu près égal à la moyenne européenne pour les hommes, et un peu supérieur pour les femmes. C'est enfin un pays où les citoyens ont plutôt confiance dans l'Europe, même s'ils ont récemment rejeté le projet de constitution européenne.

L'euro est considéré comme le premier symbole de l'Europe, avant le drapeau européen et le Parlement européen.

Les sentiments des Français à l'égard de la construction européenne (en %)	
L'espoir	37
La crainte	25
La confiance	21
L'indifférence	7
L'enthousiasme	6
L'hostilité	3
Ne se prononcent pas	1
Total des évocations positives	64
Total des évocations négatives	35

Ipsos-opinion/ministère des Affaires étrangères, novembre 2001

1   Connaissez-vous certains des pays qui font partie de l'Union européenne ?

_____

_____

2   Comparez les informations du tableau ci-dessous et celles du texte. Que remarquez-vous ?

	2004 Moyenne en France	2004 Moyenne en Europe
Taux de natalité	12,7 ‰	10,8 ‰
Taux de mortalité infantile	3,9 ‰	5,2 ‰
Espérance de vie des femmes	83,8 ans	81 ans
Espérance de vie des hommes	76,7 ans	74,6 ans
Emplois dans le secteur des services	70,5 % des actifs	60,2 % des actifs
Emplois dans le secteur de l'agriculture	4 % des actifs	6,7 % des actifs
Emplois dans le secteur de l'industrie	25,4 % des actifs	27,8 % des actifs

_____

_____

_____

3   Peut-on librement circuler dans les pays de l'Union européenne ?

_____

_____

_____

4   Pourquoi, à votre avis, la pièce de 1 euro est-elle différente en Italie et en France côté face ?
Pourquoi le côté pile est-il identique ?

_____

_____

5   Que pensez-vous du projet d'une Europe unie ?

_____

_____

_____

_____

LES FRANÇAIS EN EUROPE, LES EUROPÉENS EN FRANCE

■ **2 millions de Français environ vivent hors de France**

Parmi eux :	
260 000 aux U.S.A	11 000 en Chine
230 000 au Royaume-Uni	11 000 en Inde
180 000 en Allemagne	6 500 au Japon
140 000 au Canada	5 000 en Australie
	3 000 en Russie

D'après *Francoscopie 2003*, Larousse.

Les Français qui vivent quelques années à l'**étranger** s'installent sur tous les continents et, bien sûr, en Europe, pour y travailler ou y étudier. Inversement, depuis longtemps, d'autres Européens viennent vivre en France : parmi eux, environ 550 000 Portugais, 400 000 Italiens, 300 000 Espagnols, 150 000 Allemands, 100 000 Polonais.

• Les échanges étudiants

Depuis 1987, il existe un programme de mobilité des étudiants européens, mis en place pour favoriser l'apprentissage des langues européennes, faciliter la mobilité et l'innovation et aider à former des citoyens européens. Ce programme nommé **Erasmus***, en hommage à l'humaniste voyageur hollandais du XVIᵉ siècle, connaît un grand succès. Il s'inscrit dans le programme général européen d'éducation. Depuis 1987, près d'un **million d'étudiants européens** ont quitté leur université pour étudier dans une autre université européenne : parmi eux, environ **40 000 Français**. Les échanges concernent maintenant **31 pays** européens ou des pays associés. Les études suivies dans une université étrangère sont reconnues dans l'université d'origine de l'étudiant. Par exemple, Il est possible aujourd'hui de commencer un diplôme en France, de le continuer en Grèce et de le terminer en Allemagne. La **bourse*** accordée aux étudiants Erasmus est actuellement d'environ 230 euros par mois.

Le film de Cédric Klapisch L'Auberge espagnole (2002) *décrit la cohabitation, à Barcelone, d'étudiants Erasmus.*

1 Observez le tableau page 46. Les Français qui vivent hors de France choisissent-ils, en général, de vivre en Europe ?

_____

_____

2 La France compte environ 62 millions de Français. Sont-ils nombreux à vivre dans les autres pays européens ?

_____

3 Comparez ce pourcentage avec le nombre de citoyens de votre pays partis vivre à l'étranger.

_____

4 Quels sont les objectifs du programme de mobilité des étudiants européens ?

_____

_____

5 Témoignages

Daniele, italien

L'esprit des échanges Erasmus ? C'est le fait de dire « pourquoi pas ? » à des nouvelles expériences. C'est ce qui nous fait vivre ailleurs sans avoir la sensation d'être étranger. J'ai fait une partie de mes études en France. Dix ans après, les souvenirs de France sont en moi : la concierge de la résidence universitaire, les vignerons du Beaujolais…

Karine, française

J'ai rencontré mon mari, un Suédois, en Suède, pendant mes études. Nos deux filles sont élevées dans les deux langues, j'ai appris le suédois, mon mari a appris le français.

Georgios, grec

Aujourd'hui, l'Europe est ma patrie. Je n'ai plus peur à l'idée d'aller n'importe où sur le continent.

Témoignages tirés du site europa.eu.int.

En lisant ces témoignages, avez-vous l'impression que les objectifs du programme Erasmus sont atteints ?

_____

_____

6 Dans l'affiche du film _L'Auberge espagnole_, quelle image le metteur en scène donne-t-il des étudiants Erasmus ?

_____

_____

_____

2 LES ÉCHANGES POLITIQUES

La France exerce depuis longtemps une influence au niveau international, même si cette influence est, de nos jours, moins importante que dans le passé. Il ne faut pas oublier qu'elle a été le premier pays à posséder un réseau d'**ambassadeurs** et que le français a été, jusqu'à la Première Guerre mondiale, la langue de la **diplomatie**.

LES PRINCIPES

Le premier principe qui guide la politique étrangère, sous l'impulsion du général de Gaulle, dans les années soixante, est celui d'**indépendance**. Ainsi, la France assure sa **défense** de façon autonome. Le second principe officiel est celui de la recherche de la **solidarité** avec les autres pays « afin de favoriser le progrès de la **paix**, de la **démocratie** et du **développement** ». La France est l'un des cinq membres permanents du Conseil de sécurité des Nations unies **(ONU)** depuis sa création en 1945. Le siège de l'**Unesco** (Organisation des Nations unies pour la science, la culture et l'éducation) est à Paris. Des écrivains, des hommes politiques, des citoyens défendent en France les **droits de l'homme** depuis le siècle des Lumières (XVIIIe), et la Déclaration des droits de l'homme et du citoyen a été rédigée en 1789. Plus récemment, en 1948, c'est à Paris que la **Déclaration universelle des droits de l'homme*** a été adoptée.

La Déclaration des droits de l'homme et du citoyen.

LA COOPÉRATION

Les organismes institutionnels du pays jouent un rôle dans la **solidarité** avec les pays les moins avancés (surtout en Afrique), en partenariat avec les organisations non gouvernementales **(ONG*)**. La France contribue financièrement et techniquement au **développement** de ces pays (coopération technique internationale) et mène une **action humanitaire** pour secourir les populations civiles en situation d'urgence.

1 D'après le texte, quels sont les principes de la politique extérieure française ?

_____

_____

2 D'après le texte, comment comprenez-vous l'idée de solidarité ?

_____

3 Observez les logos ci-contre. Dans quel domaine ces organisations internationales exercent-elles leurs activités ? Connaissez-vous certaines de ces ONG ?

HANDICAP INTERNATIONAL _Vivre debout_

ENFANTS de la TERRE

ACTION CONTRE LA FAIM

_____

_____

_____

4 Lisez l'encadré ci-contre.

Pourquoi peut-on parler d'un réseau de coopération culturel ?

_____

_____

_____

_____

_____

> Depuis plus d'un siècle, la France a mis en place un réseau de coopération culturelle installé dans le monde entier. La France a, bien sûr, des ambassades, mais elle est aussi représentée par des Alliances françaises (présentes dans cent quarante pays), les instituts et les centres culturels (organismes officiels), des instituts de recherche spécialisés, des écoles (primaires et secondaires), ainsi que quelques universités. Tous ces organismes diffusent le français dans le monde et « aident au dialogue entre les cultures des autres pays et la culture française passée et actuelle ».

5 Pourquoi la France tient-elle autant à la diffusion du français à l'étranger ?

_____

_____

6 Dans votre pays, les principes officiels de la politique étrangère sont-ils différents de ceux de la France ?

_____

_____

3 LES ÉCHANGES ÉCONOMIQUES

La France est présente en Europe et dans le monde par ses produits et ses services. Elle est la **quatrième puissance économique** mondiale.

La France est à la fois un pays qui **importe** et qui **exporte** : contrairement à ce qui se passe dans d'autres pays, il n'y a pas de déséquilibre entre les importations et les exportations. Les produits que la France exporte le plus sont les **produits industriels** et **manufacturés** (en particulier les produits qui touchent au transport – TGV, automobile, bateaux et avions –, au matériel militaire, aux télécommunications…), et les **services** (banque, assurance, travaux publics, formation). Elle importe les mêmes types de produits, ainsi que des **matières premières** (gaz, pétrole en particulier).

Les secteurs dans lesquels la France est compétitive sont :

• l'**agroalimentaire** (premier producteur européen et deuxième puissance mondiale) grâce à sa production diversifiée et à la création de grands groupes. Mais la **crise de la vache folle*** pénalise encore l'exportation de viande bovine.

• le **tourisme**, qui est en hausse constante. La France conserve sa place de **première destination touristique mondiale**.

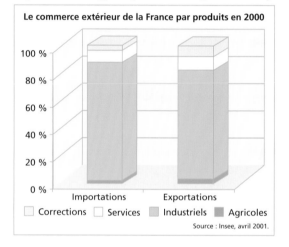

Les principaux **partenaires commerciaux** de la France sont les pays de l'Union européenne – l'Allemagne, l'Italie, l'Espagne, la Belgique, le Royaume-Uni –, mais aussi les États-Unis et le Japon. La France a créé des **multinationales** dans différents domaines : Michelin (pneus) ; Danone (agroalimentaire) ; Renault (automobile) ; Accord (hôtellerie) ; Carrefour (grande distribution)… De plus, un certain nombre d'entreprises françaises se sont installées à l'étranger. Cela contribue à donner de la France une image de plus en plus internationale.

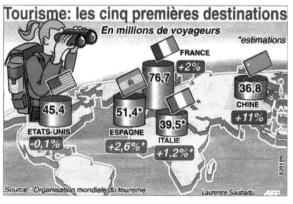

Source : *Métro*, 29/01/2003.

Les cinq premières destinations touristiques du monde.

1 Pourquoi parle-t-on d'équilibre en ce qui concerne le commerce extérieur de la France ?

_____

_____

2 Vrai ou faux ?

	V	F
La France est la quatrième puissance européenne.		
La France est le premier producteur européen pour l'agroalimentaire.		
Le tourisme est en baisse constante.		
La France importe surtout des services.		
La France est la première destination touristique mondiale.		

3 Observez le tableau ci-dessous. Que remarquez-vous ?

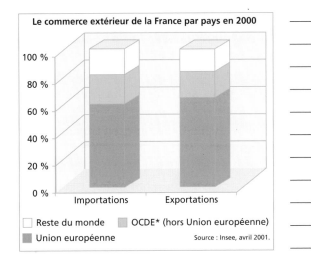

Le commerce extérieur de la France par pays en 2000

100 %
80 %
60 %
40 %
20 %
0 %
Importations   Exportations

☐ Reste du monde   ▨ OCDE* (hors Union européenne)
▨ Union européenne   Source : Insee, avril 2001.

_____

_____

_____

_____

_____

_____

_____

_____

_____

_____

_____

4 Chassez l'intrus :

Produit – service – plaisir – commerce   Viande – crise – exportation – vente

Importation – exportation – sorties – biens   Tourisme – baisse – hausse – destination

5 Quels sont les produits que votre pays exporte et importe le plus ?

_____

_____

_____

_____

4

LA FRANCOPHONIE

Léopold Sédar Senghor.
Poète et homme politique sénégalais.

Nicolas Bouvier.
Écrivain et voyageur suisse.

Tahar Ben Jelloun.
Écrivain et journaliste marocain.

QU'EST-CE QU'UN FRANCOPHONE ?

Le mot « **francophonie*** » a plusieurs sens. Un francophone est une personne qui parle couramment français, mais cela ne veut pas dire que, partout, les francophones utilisent le français de la même façon. Dans les pays francophones, le français peut être :
– la **langue maternelle** (c'est le cas de quelques pays seulement : la France, le Québec, la Belgique, la Suisse, Monaco) ;
– la **langue officielle*** (par exemple au Sénégal, en Nouvelle-Calédonie, en Guyane) ;
– la **langue habituelle** dans les relations avec les autres ;
– la **langue de l'administration**.
Une cinquantaine d'états dans le monde sont membres de la **Francophonie***. Environ **170 millions** de personnes partagent la langue française. Pour des raisons historiques, on parle cette langue dans les anciennes colonies* d'Afrique noire, du Maghreb*, de l'océan Indien, d'Amérique, dans les territoires* et les départements d'outre-mer.

LA FRANCOPHONIE, POUR QUOI FAIRE ?

Les pays francophones ont, en général, un **passé commun** avec la France, mais déclarent aussi des **objectifs** communs **pour l'avenir** : développement de la **démocratie**, soutien aux **droits de l'homme**, dialogue des **cultures**, développement économique des différents états. Ils ont des liens de solidarité privilégiés entre eux et avec la France à travers des organismes officiels **(Agence intergouvernementale de la Francophonie)**, des grandes manifestations (Sommet* de la Francophonie, Journée internationale de la Francophonie) et beaucoup d'initiatives locales. La culture francophone est vivante, elle a des représentants mondialement reconnus.

1   **Observez la carte à la fin du livre.**
Sur quels continents parle-t-on français ?

_____

_____

2   **Dans quels pays voisins de la France parle-t-on français ?**

_____

_____

_____

3   **Qu'est-ce les pays francophones ont en commun ?**

_____

_____

_____

Le groupe Zebda aux Francofolies* de La Rochelle.

4   **Pourquoi la population – ou une partie de la population – parle-t-elle français aujourd'hui dans les pays suivants ? (Aidez-vous de la carte et du texte page 52) :**

	Ancienne colonie française	Département ou territoire français d'outre-mer	Forte immigration française
Côte d'Ivoire			
Madagascar			
Belgique			
Liban			
Québec			
La Réunion			
Israël			

5   **Débat : la Francophonie est-elle un héritage du passé ?**

_____

_____

_____

1

LE CALENDRIER

Le **calendrier** n'est pas le même pour tout le monde ! L'année commence au mois de janvier, mais, pour les élèves, les étudiants et les enseignants, elle commence au mois de septembre : on parle alors de **rentrée scolaire**. Comme dans la plupart des pays du monde, en France on travaille cinq jours par semaine : du lundi au vendredi. Mais dans certains services (les banques, les bureaux de poste, les commerces), on travaille aussi le samedi.

Pendant les **jours fériés**, tout s'arrête. Les magasins, les écoles, les bureaux, les banques… sont fermés, sauf exception. Le calendrier scolaire rythme la vie des Français. L'école commence au mois de septembre et se termine au mois de juin : les élèves de 6 à 18 ans ont alors deux mois de vacances, juillet et août. Ce sont les **grandes vacances** et les mois de grands départs. Mais pendant l'année scolaire, les élèves ont d'autres périodes de vacances plus ou moins longues :

– Une semaine (parfois deux) pour la Toussaint,
– 15 jours pour Noël,
– 15 jours pour les vacances d'hiver (février),
– 15 jours pour les vacances de printemps (avril).

Contrairement aux jours fériés, aux vacances de la Toussaint et de Noël, les vacances d'hiver et les vacances de printemps n'ont pas de dates fixes et varient de région à région.

1 Quels sont les jours de repos en France ?

2 En France, les jours non travaillés sont-ils les mêmes pour tout le monde ?

Les jours fériés en France	
Le 1er janvier (1er de l'an)	Le 14 juillet (fête nationale)
Le dimanche et le lundi de Pâques	Le 15 août (Assomption)
Le 1er mai (fête du Travail)	Le 1er novembre (Toussaint)
Le 8 mai (fin de la 2de Guerre mondiale)	Le 11 novembre (armistice de 1918)
Le jeudi de l'Ascension	Le 25 décembre (Noël)
Le lundi de la Pentecôte	

3 Parmi les jours fériés :

– Quelles sont les fêtes d'origine historique ?

– Quelles sont les fêtes d'origine religieuse ?

4 Dans votre pays, quels sont les jours fériés ?

5 Quelle est l'origine de ces fêtes ?

6 Dans un calendrier idéal, quel jour aimeriez-vous fêter ? Pourquoi ?

2 UNE SEMAINE DE TRAVAIL

Agenda hebdomadaire de Muriel, 33 ans, célibataire, cadre à International santé assistance.

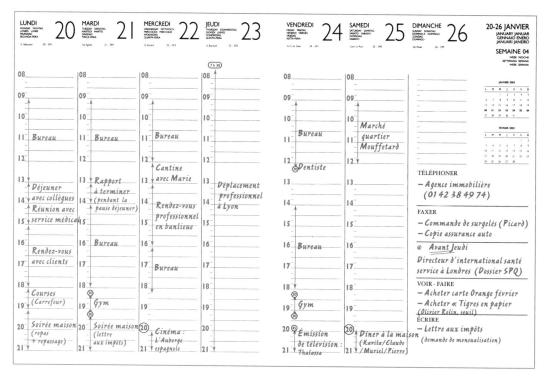

TEMPS DE TRAVAIL, TEMPS DE REPOS

En 1997, le **temps légal** de travail était de 39 heures, mais les Français travaillaient en moyenne 41 heures par semaine. Depuis la **loi sur les 35 heures***, on travaille moins en France, mais il y a de grandes différences selon les métiers et les entreprises. De plus, le temps de travail n'est pas organisé partout de la même manière. Dans les bureaux administratifs, les employés travaillent en général de 9 heures à 12 heures et de 14 heures à 17 heures. Dans les entreprises, ils terminent souvent à 18 heures. Les **cadres*** travaillent en moyenne 4 heures de plus par semaine. Pour certains métiers, les infirmières ou les employés de commerce par exemple, les horaires sont irréguliers. Les ouvriers travaillent parfois la nuit.

Pendant les heures de travail, en général, on fait une **pause** pour déjeuner. Dans les grandes villes, on déjeune sur place, à la **cantine*** ou au café-restaurant. Le soir, après le travail, quand on ne passe pas trop de temps dans les transports, on peut pratiquer des activités sportives, associatives* ou culturelles. De temps en temps, en général le week-end, on reçoit ses amis ou sa famille autour d'un repas.

1 Combien de temps Muriel travaille-t-elle dans la semaine ?

_____

2 Travaille-t-elle plus/autant/moins que la moyenne des Français ?

_____

Sieste au square Legall, à Paris.

3 Que fait-elle quand elle ne travaille pas ?

Que fait-elle pour organiser sa vie quotidienne ? _____
_____

Que fait-elle pour son plaisir ? _____
_____

4 Quel est votre emploi du temps de la semaine ? Combien d'heures passez vous en :

– temps physiologique (dormir, se laver , manger) : _____

– temps professionnel (travail ou études) : _____

– temps domestique (ménage, lessive, courses) : _____

– temps de loisirs (promenade, sport, lecture, télévision, cinéma, etc.) _____

5 On dit « métro, boulot, dodo » pour parler d'une vie sans loisirs. À votre avis, peut-on dire de la vie de Muriel que c'est « métro, boulot, dodo » ?

_____
_____

6 Observez les deux tableaux ci-dessous. À votre avis, y a-t-il un lien entre eux ?

Dates historiques	Lois sur la durée du travail
1918 : fin de la Première Guerre mondiale	1919 : 48 h par semaine
1936 : front populaire (gouvernement de gauche)	1936 : 40 h par semaine
1981 : gouvernement de gauche	1982 : 39 h par semaine
1997 : gouvernement de gauche	1998 : 35 h par semaine

7 Quelle est la durée moyenne du temps de travail dans votre pays ?

_____

LA SEMAINE DE MARC, BOUCHER, ET DE JOCELYNE, CAISSIÈRE

• Marc

La boucherie de Marc, dans le 13ᵉ arrondissement de Paris.

Je me lève tôt. Un jour sur deux, à 4 heures, je vais aux **Halles*** pour acheter la viande. Les autres jours, je suis debout à 4h30. Je vais à la boutique préparer la viande, nettoyer, ranger et mettre en place les **étalages**. C'est important les étalages, les clients achètent avec les yeux! Le magasin est ouvert à 7 heures. Je ferme à 13 heures, jusqu'à 14h30, puis je reprends le travail jusqu'à 20 heures. Ensuite je rentre chez moi. À 22h30, je suis couché. C'est comme ça toute la semaine. Le dimanche, la boutique est ouverte jusqu'à 13 heures. L'après-midi, je me repose et j'ai le temps de m'occuper de mon fils. Le lundi, c'est le **jour de fermeture**, mais je suis dans le magasin le matin, pour préparer la semaine suivante. Je crois que je travaille environ 90 heures par semaine, mais bon, j'ai choisi ce métier! Je m'organise comme je veux et puis, je prends six semaines de vacances dans l'année; ça, c'est sacré!

• Jocelyne

Dans le magasin, toutes les caissières travaillent à **temps partiel***, 30 heures par semaine. Je travaille 6 jours, du lundi au samedi. Les trois premiers jours de la semaine, je travaille de 15 heures à 20 heures, les trois jours suivants, de 10 heures à 15 heures. Tous les matins, à 7h45, j'accompagne le bébé chez la **nourrice*** et mes deux grands enfants à l'école. Quand je sors tôt, j'ai le temps de m'occuper des **devoirs**. Quand je travaille le soir, les enfants dînent avec mon mari et sont déjà couchés à mon arrivée à 21 heures. Ensuite? En général, je regarde un peu la télévision ou je lis le journal après le repas. Le week-end, en ce moment, on s'occupe du jardin. J'ai trois jours de **RTT*** (réduction du temps de travail) dans l'année et je vais prendre un jour cette semaine pour faire du **bricolage***.

Jocelyne, caissière dans un supermarché à Aix-en-Provence.

1   Combien de temps Marc travaille-t-il dans la semaine ?

_____

_____

_____

2   Travaille-t-il plus/autant/moins que la moyenne des Français ?

_____

_____

3   À votre avis, pourquoi Marc travaille-t-il autant ?

_____

_____

_____

4   Le travail à temps partiel laisse-t-il à Jocelyne beaucoup de temps libre ?

_____

_____

_____

5   Parmi les trois emplois du temps (Muriel, Marc, Jocelyne), lequel préférez-vous ? Pourquoi ?

_____

_____

_____

6   Quel est l'emploi du temps d'un cadre, d'un boucher, d'une caissière dans votre pays ? Comparez leur situation avec celle de Muriel, Marc et Jocelyne.

_____

_____

_____

_____

3 UNE VIE D'ÉTUDIANT

Paris, le 20 septembre 2002

Chère Lola,

Je suis à Paris depuis une semaine, mais je n'ai encore rien visité.

Pour le moment, je cherche une chambre, ou un studio pas trop cher et pas trop loin de la fac. Actuellement, je suis chez Amélie (tu sais, la sœur de ma mère), mais la banlieue, ce n'est pas pratique. Je suis un peu fatiguée de prendre le RER deux fois par jour.

Je cherche aussi un petit boulot le soir et le week-end, parce que ma bourse n'est pas suffisante. Demain, j'ai un rendez-vous chez Mac Do, je te raconterai.

Voilà les nouvelles parisiennes. Écris-moi vite !

Julie

La vie d'un étudiant n'est pas simple ! Il ne passe pas uniquement ses journées à l'**université** ou à la **bibliothèque**. Souvent, quand un jeune poursuit ses études à l'université, il quitte le foyer familial. Seulement 40 % des étudiants vivent chez leurs parents. Poursuivre les études signifie, pour beaucoup, chercher un logement et un « **petit boulot** »*.

SE LOGER, GAGNER SA VIE EN ÉTUDIANT

Pour se loger, un étudiant peut demander une chambre dans une cité universitaire, trouver une chambre dans un **foyer*** ou, s'il a les moyens, louer un appartement – éventuellement, le partager avec d'autres étudiants. C'est ce qu'on appelle la **colocation***. Si on est logé loin de l'université et qu'on doit prendre les transports en commun tous les jours, il vaut mieux avoir un **abonnement** mensuel ou annuel au tarif étudiant.

Pour payer ses études, un étudiant peut obtenir une bourse. Un étudiant sur cinq est boursier. Mais, généralement, pour arrondir ses fins de mois, il cherche un petit boulot et travaille le soir ou le week-end : il/elle peut garder des enfants, travailler comme vendeur/vendeuse dans une boutique, ou encore comme serveur/serveuse dans un *fast food*, dans un bar, etc. Être étudiant a aussi ses avantages. Avec sa **carte d'étudiant**, un étudiant a un libre accès à toutes les bibliothèques, restaurants et équipements sportifs universitaires. De plus, il peut avoir des tarifs réduits au cinéma et aux musées.

1 Vrai ou faux ? Un étudiant est quelqu'un qui :

	V	F
va à l'école		
prépare un diplôme supérieur après le baccalauréat		
ne travaille pas		

2 Quelles sont les difficultés et les avantages de la vie étudiante en France ?

Difficultés	Avantages

3 D'après le texte, quels « petits boulots » font les étudiants, en France, pour payer leurs études ?

_____

4 Connaissez-vous d'autres « petits boulots » ?

_____

5 Les Français aiment les abréviations. Qu'est-ce que :

– La cité u. ? _____

– Le resto u. ? _____

– La b.u. ? _____

– La fac ? _____

– Mac Do ? _____

– Le bac ? _____

Université Paris 8.

6

30 % des étudiants de 17 à 30 ans travaillent au moins de temps en temps
50 % des étudiants de plus de 25 ans travaillent toute l'année
80 % des étudiants travaillent dans les services

Comparer cette situation avec la situation des étudiants dans votre pays.

4

LES REPAS

LES HABITUDES DES FRANÇAIS À TABLE

Les habitudes des Français ont changé depuis quarante ans. Ils dépensent moins d'**argent** pour la nourriture et ils font plus attention à leur **santé**. Ils mangent, par exemple, moins de viande rouge, plus de volaille et, depuis la **crise de la vache folle***, davantage de poisson. Ils achètent aussi plus de produits déjà préparés (surgelés, plats cuisinés). Acheter de la **nourriture bio** (biologique) n'est pas une habitude pour tous, mais la moitié des Français en achète, parfois ou souvent.

Certains plats venus d'ailleurs sont maintenant habituels à table : pizzas, couscous, taboulé ou cuisine asiatique. La cuisine quotidienne s'est simplifiée, mais les Français aiment toujours la **bonne cuisine**, à la maison ou au restaurant. Quand ils reçoivent des invités, ils restent attachés à leurs **traditions culinaires**.

Menu d'un restaurant parisien..

Sondage	
Chez vous, préférez-vous faire ?	(%)
Des plats traditionnels comme un pot-au-feu, une blanquette de veau, un rôti de bœuf ou de porc	83
Des plats exotiques comme des tajines, des currys ou des plats asiatiques	14
Ne se prononcent pas	3
Dites si c'est quelque chose que vous faites plus souvent qu'il y a quelques années	(%)
Préparer des plats vous-même	57
Inviter des amis à dîner	42
Faire des grands repas de famille	27
Manger dans un établissement de restauration rapide	22
Aller dans des restaurants asiatiques, mexicains ou africains	18

Sondage IFOP/Santé Magazine 2001.

Un restaurant rue Tournefort, à Paris.

1 Parmi les plats cités page 62, quels sont les plats traditionnels français ?

_____

_____

_____

2 Pouvez-vous citer des plats d'origine étrangère que les Français aiment manger ?

_____

_____

_____

3 Observez la photo. Ce plat est :

– une entrée ❑
– un plat principal ❑
– un dessert ❑

4 Pourquoi ?

_____

_____

_____

_____

5 Quels sont les changements les plus importants dans l'alimentation des Français ?

_____

_____

_____

_____

6 Depuis quarante ans, quels sont les changements alimentaires les plus importants chez vous ?

_____

_____

_____

_____

PRINCIPAUX REPAS

Une table dressée.

Comme dans la plupart des pays européens, en France, on prend généralement trois repas par jour : le **petit déjeuner** (le « petit déj »), le **déjeuner** et le **dîner.**

• Le petit déjeuner

Le « **petit déj** » est léger. Il se compose souvent d'une **boisson chaude** (café, café au lait et, plus rarement, chocolat chaud ou thé), de **tartines** avec du beurre et de la confiture, et éventuellement d'un yaourt. Depuis quelques années, on apprécie aussi les céréales. Il ne faut pas non plus oublier les **croissants**,connus dans le monde entier !

• Le déjeuner

Le **déjeuner** (pris entre 12 heures et 14 heures), dans les grandes villes, est plus rapide qu'autrefois : on mange souvent à la **cantine***, dans un bistro ou une brasserie. Dans les petites villes, en revanche, on rentre chez soi pour déjeuner. Ce repas se compose d'une **entrée** (salade, charcuterie, saumon fumé…), d'un **plat principal** (viande ou poisson accompagné de légumes), d'un **dessert** (fruit, gâteau) et d'un café. Quand on n'a vraiment pas beaucoup de temps, ou peu d'argent, on prend un plat unique ou on mange simplement un sandwich, une quiche, un croque-monsieur : c'est ce qu'on appelle la **restauration rapide***. Entre 16 heures et 17 heures, les enfants prennent leur **goûter** : un pain au chocolat, ou une tartine, accompagné d'une boisson.

• Le dîner

Le **dîner**, pris en général autour de 20 heures, réunit toute la famille. C'est le repas le plus important. C'est aussi le repas le plus copieux : une entrée, un plat principal, du fromage, un dessert, sans oublier un bon verre de vin ! Quand on est entre amis, avant ce repas, on propose de boire un **apéritif.**

ACTIVITÉS

1 Observez la photo page 64. Comment la table est-elle organisée ?

_____

_____

2 Qu'est-ce qui serait différent chez vous ?

_____

_____

3 Chez vous dans la vie quotidienne :

– Quand mange-t-on ? _____

– Que mange-t-on ? _____

– Avec qui mange-t-on ? _____

– Où mange-t-on ? _____

4 Comparez vos habitudes avec les habitudes des Français.

_____

_____

_____

5 Que pensez-vous de la restauration rapide ?

_____

_____

_____

Un plateau de fromage.

6 Que veut dire, pour vous, « bien manger » :

manger un repas varié et équilibré	
manger juste à sa faim	
manger ce qu'on aime	
manger un repas complet (entrée, plat, fromage, dessert)	
manger avec des gens qu'on aime bien	
aller au restaurant	
autre	

INVITATIONS

• À déjeuner ou à dîner

C'est souvent autour d'un repas qu'on invite des amis : un repas chaud, parfois un **buffet froid**. Selon l'âge, le milieu social, la région, on reçoit ses invités de manière un peu différente, mais il y des habitudes, assez générales, qui étonnent parfois les étrangers. Même lorsqu'il s'agit d'une invitation simple, chez soi, on prépare un **vrai repas cuisiné**. Il semblerait anormal d'offrir pour dîner, à ses amis, des pizzas achetées au coin de la rue. Pour les plus jeunes, inviter des amis **(faire la fête)** veut aussi dire écouter de la musique et danser.

• L'heure, c'est l'heure ?

Il est habituel de ne pas arriver juste à l'heure dite, pour laisser aux **hôtes** le temps de finir les préparatifs. Avec les premiers arrivés, on prend l'**apéritif**. Il est considéré comme normal d'arriver un quart d'heure ou une demi-heure après l'heure indiquée, mais on n'arrive pas à un dîner avec une heure de retard ! Et on ne s'en va pas dès que le repas est terminé, puisque l'essentiel est d'être ensemble pour bavarder.

• La bise* à l'arrivée

Depuis quelques décennies, les **rapports** entre les gens sont devenus moins formels. En général, pour se dire bonjour, quand ils sont amis ou parents, les hommes et les femmes s'embrassent, les femmes entre elles s'embrassent aussi et les hommes entre eux se serrent la main. On embrasse également les enfants.

• Un petit cadeau

Les invités n'arrivent pas « les mains vides ». Les **cadeaux** apportés varient selon l'âge, le milieu social, selon qu'on est en ville ou à la campagne : fromage et vin pour compléter le repas chez les plus jeunes, vin, gâteau, bouquet de fleurs pour les repas entre adultes, livre ou disque dans certains milieux et parfois petits cadeaux pour les enfants (qui partageront rarement le repas des adultes).

Amis dans un salon, à heure de l'apéritif.

1 Quelles sont les habitudes des Français quand ils invitent des amis chez eux ?

_____

_____

2 Parmi les habitudes des Français, quelles sont celles qui vous semblent caractéristiques de la France ?

_____

_____

3 Chez vous, invite-t-on les amis essentiellement à prendre un repas ?

_____

4 Lisez le texte ci-contre. Que pensez-vous de ces « goûters d'anniversaire » ?

_____

_____

_____

_____

Les goûters d'anniversaire se développent. Dans les classes moyennes, dès l'âge de la maternelle, les enfants invitent chez eux leurs amis ; comme les adultes, par téléphone ou par invitation écrite. Des jeux, parfois un spectacle, accompagnent ce goûter exceptionnel. Les invités apportent un petit cadeau (et parfois en reçoivent aussi). Fait nouveau, en ville, le goûter d'anniversaire a parfois lieu dans des restaurants de restauration rapide* qui attirent leur jeune clientèle, en leur donnant de petits jouets colorés.

5 Lisez l'extrait ci-dessous :

> Les jours de fête, chez les Coupeau, on mettait les petits plats dans les grands ; c'étaient des fêtes dont on sortait ronds comme des balles, le ventre plein pour la semaine.
>
> Émile Zola, *L'Assommoir*.

À votre avis, que signifient ces deux séries d'expressions ?

Mettre les petits plats dans les grands / Se mettre en quatre pour faire un repas / Se mettre en frais :

_____

Une invitation à la fortune du pot / Une invitation à la bonne franquette / On est entre nous :

_____

6 Quand vous êtes invité chez quelqu'un, qu'apportez-vous généralement comme cadeau ?

_____

_____

5

LES COURSES

LES DIFFÉRENTS LIEUX

• **Les grandes surfaces**

Pour faire leurs courses, les Français ont beaucoup de choix. Comme dans la plupart des autres pays d'Europe, les **hypermarchés*** sont de plus en plus nombreux à la périphérie des grandes villes. Ils sont généralement situés dans des **centres commerciaux*** ou dans des **galeries marchandes*** où on peut trouver d'autres boutiques et services. On vient là en voiture pour faire les achats de la semaine ou du mois.

Laetitia Casta, Marianne* nationale, pose pour les Galeries Lafayette.

• **Les grands magasins**

Les grands magasins traditionnels, par exemple le Printemps, les Galeries Lafayette, les Nouvelles Galeries, se sont très bien adaptés à l'évolution des habitudes d'achat. Ils restent très fréquentés par les Français comme par les touristes qui viennent y chercher des produits de luxe (vêtements, parfums, etc.). Il existe aussi des magasins bon marché et, depuis quelques années, les magasins de **dépôt-vente*** ont beaucoup de succès. Dans ces magasins, on peut déposer ou acheter des vêtements déjà utilisés ou dégriffés*.

Marché de Port-Royal, à Paris.

• **Les magasins de proximité**

On peut faire ses courses alimentaires aux **supermarchés** (Monoprix, Franprix, Champion…), dans les **commerces de proximité*** (boulangerie, pâtisserie, charcuterie, boucherie, poissonnerie, alimentation générale…), ou encore au **marché***, où tous les produits sont frais et de saison. Les marchés (en plein air ou fermés) ont lieu, dans la plupart des cas, plusieurs fois par semaine. Pour les Français, aller au marché est un plaisir : souvent, on va le week-end « faire le marché » pour l'ambiance.

• **Les achats par Internet**

Certains commencent à se servir d'**Interne**t pour faire leurs achats, mais cette habitude se développe de plus en plus en France.

1   Où les Français font-ils leurs courses alimentaires pendant la semaine ?

_____

_____

_____

2   Avez-vous le même choix dans votre pays ?

_____

_____

_____

3   Dans quel magasin peut-on acheter ces produits ?

La viande _____

Le pain _____

Les œufs _____

Le poisson _____

Les fruits _____

Le jambon _____

4   Observez la photo du marché : quel est l'élément qui vous fait penser tout de suite à la France et pourquoi ?

_____

_____

_____

5   Acheter des vêtements d'occasion, chez vous, est-ce une pratique courante ?

_____

_____

_____

6   Et vous, préférez-vous faire vos courses dans les petits magasins ou dans les centres commerciaux ?

_____

_____

_____

LES HORAIRES D'OUVERTURE

Les horaires d'ouverture des magasins en France sont **variables** : les grands centres commerciaux et les supermarchés sont ouverts de 10 heures à 19 heures et parfois le dimanche matin de 10 heures à 13 heures. Dans les grandes villes, ils sont ouverts jusqu'à 22 heures.

Les **petits commerces** ouvrent de 8 heures à 20 heures, mais ils ferment généralement entre 12 heures et 14 heures. De plus, certains **magasins d'alimentation**, souvent tenus par des **Maghrébins** (Tunisiens, Algériens, Marocains), sont ouverts jusqu'à 22 heures parfois plus.

Le **marché*** commence tôt le matin (vers 7 h 30-8 heures) et se termine aux alentours de 13 h 30 : c'est alors l'heure des bonnes affaires ! Les commerçants **soldent** les produits frais invendus.

Un magasin de proximité.

Un distributeur automatique de nourriture.

Ouverture des magasins le dimanche et la nuit : la polémique

En région parisienne, il existe des zones autorisées à ouvrir le dimanche et beaucoup de grandes enseignes (Virgin, Ikea, Darty...) multiplient les ouvertures nocturnes pendant la semaine. Tout le monde n'est pas d'accord. Voici quelques témoignages sur ce sujet polémique :

Yves, 35 ans, est depuis huit ans chez Darty. Il travaille presque tous les dimanches et en nocturne plusieurs fois par semaine. Aujourd'hui, Yves ne veut plus travailler le soir : « Ma femme me le demande souvent, mais je suis obligé, c'est dans mon contrat. »

Odile, 33 ans, travaille depuis douze ans chez Virgin. Ces deux dernières années, elle y travaille tous les dimanches : « C'est simple, on n'a plus de vie sociale. Impossible de sortir le week-end avec ses amis. »

Zouzi, 37 ans, employé de banque : « Je consomme le dimanche quand je m'ennuie, je n'aime pas trop les balades en forêt et les petits oiseaux... Et puis, c'est bien pour les étudiants qui ont besoin d'argent. Pendant mes études, je travaillais le dimanche dans un magasin à l'aéroport d'Orly. »

Bruno, 65 ans, chef d'entreprise : « La semaine, mon esprit est entièrement occupé à mon travail, l'idée de faire des courses ne me vient même pas ! »

1 En France, les horaires d'ouverture des magasins sont-ils les mêmes dans les grandes et les petites villes ?

_____

_____

2 Comparez les horaires d'ouverture des magasins en France et chez vous. Quelles sont les différences ?

_____

_____

3 Et vous, préférez-vous faire vos courses le matin ou le soir ? Pendant le week-end ou en semaine ?

_____

_____

4 Lisez les témoignages : quels sont les arguments pour et les arguments contre l'ouverture des magasins le dimanche ?

Pour	Contre

5 Selon vous, quels sont les avantages et les inconvénients de l'ouverture des commerces le soir et le dimanche ?

Avantages	Inconvénients

6 Dans quelques grandes villes françaises, il existe maintenant des distributeurs automatiques où il est possible d'acheter de la nourriture jour et nuit (photo de droite page 70). Que pensez-vous de ce type de commerce ?

_____

_____

6 LES TRANSPORTS

Pour se déplacer, ce n'est pas la même chose d'habiter la capitale ou une autre ville de l'Hexagone. Et ce n'est pas la même chose d'habiter en ville, en **banlieue*** ou à la campagne.

EN VILLE

Les moyens de transport utilisés tous les jours pour des trajets brefs sont :
– le **bus** dans toutes les villes ;
– le **métro** dans les grandes villes comme Paris, Lyon, Marseille, Rennes, Rouen… ;
– le **tramway** dans quelques villes comme Nantes, Strasbourg, Grenoble, Lille, Bobigny et bientôt Paris ;
– le **trolleybus*** à Limoges et Nancy.
Ces transports en commun permettent

Le métro parisien a un siècle et compte 14 lignes. Météor, le métro le plus récent, est automatisé.

de diminuer les embouteillages et la pollution. On utilise ces moyens de transport pour se déplacer d'un endroit à l'autre de la ville ou pour aller de la ville à la proche banlieue (et vice versa).

Pour se déplacer facilement et rapidement en ville, certains choisissent la **moto**, la **mobylette** ou le **scooter**, qui est à nouveau à la mode. La création de **pistes cyclables** dans les grandes villes rend la circulation plus sûre. Ainsi, les plus sportifs peuvent utiliser sans trop de danger le **vélo** et, parfois, les **rollers** (patins à roulettes).

Le vendredi soir, ceux qui aiment les rollers se donnent rendez-vous pour une balade dans les rues de Paris qui dure plusieurs heures.

La bicyclette et le vélo

C'est le contraire du vélo, la bicyclette. Une silhouette profilée mauve fluo dévale à soixante-dix à l'heure : c'est du vélo. Deux lycéennes côte à côte traversent un pont à Bruges : c'est de la bicyclette.

Philippe Delerm, *La Première Gorgée de bière et autres plaisirs minuscules*, Paris, Gallimard, 1997.

ACTIVITÉS

1 Pourquoi n'est-ce pas la même chose d'habiter en ville, en banlieue ou à la campagne en ce qui concerne les transports ?

_____

_____

2 Vrai ou faux ?

	V	F
Les transports en commun ont supprimé les embouteillages.		
Toutes les villes françaises ont un métro.		
Toutes les lignes de métro sont automatisées.		
Le tramway est utilisé seulement dans les petites villes.		
Les pistes cyclables sont utilisées par les vélos.		

3 Quel moyen de transport utilisez-vous en général ? Pourquoi ?

_____

_____

4 Observez la photo ci-contre. Imaginez la tête des personnages et leur situation sociale.

_____

_____

_____

_____

5 À travers ces personnages, quelle image la RATP veut-elle donner du métro parisien ?

_____

_____

_____

Une publicité de la RATP pour le métro.

6 Selon vous, comment peut-on améliorer la circulation en ville ?

_____

_____

LE TRAIN

Pour les déplacements régionaux, il existe le **RER** (réseau express régional) à Paris et le **TER** (train express régional) dans les autres villes. Pour se déplacer d'une ville à l'autre, du nord au sud et de l'est à l'ouest du pays, il y a avant tout le **TGV** (train à grande vitesse), inauguré en 1981, qui représente 50 % du trafic de la **SNCF** (Société nationale des chemins de fer). Grâce à sa vitesse, le TGV remplace souvent l'avion ! Il a aussi changé les habitudes des Français : maintenant on peut habiter le nord de la France et travailler à Paris (Lille-Paris : 55 minutes), ou encore habiter à Paris et travailler à Dijon (1 h 45). Les plus connus des TGV sont l'**Eurostar**, qui relie Paris et Londres, et le Thalys, qui relie Paris à Bruxelles et à Amsterdam.

Le RER, les TER et les TGV dépendent de la SNCF. Chaque ville ou région a sa propre régie de transport : **RATP** (Régie autonome des transports parisiens) pour Paris, **CTS** (Compagnie des transports strasbourgeois) pour Strasbourg, **STAR** (Société de transports rennais) pour Rennes, etc.

LA VOITURE

La **voiture** reste le moyen de transport le plus utilisé (28 millions de véhicules en France) et le plus dangereux. Il y a environ 8 000 morts par an sur la route. Les **accidents mortels** sont plus nombreux en France qu'en Allemagne, en Angleterre ou en Italie par exemple. La voiture est la troisième dépense la plus importante des familles après le logement et l'alimentation.

On passe le permis de conduire à 18 ans, ou à 16 ans en conduite accompagnée*.

L'AVION

L'**avion** est utilisé à la fois pour des raisons professionnelles et pour le tourisme. La compagnie aérienne nationale **Air France** propose des vols fréquents sur la France métropolitaine (courts courriers), sur l'Europe (moyens courriers) et sur 180 destinations dans le reste du monde (longs courriers). Les petites compagnies d'aviation françaises ont du mal à survivre.

Dans l'aéroport de Roissy, en région parisienne.

1 Pourquoi le TGV a-t-il transformé les habitudes des Français ?

_____

_____

2 Observez le tableau : Que remarquez-vous ?

Transports intérieurs de voyageurs en France en 2000	
– Voiture	84 %
– Autobus et autocars	5 %
– SNCF	9,5 %
(dont TGV)	5 %
– Avion	1,4 %

Source : ministère des Transports, de l'équipement du tourisme et de la mer, 2005.

3 Pour ou contre l'utilisation de la voiture comme moyen de transport quotidien ?

Pour	Contre

4 « En ville sans ma voiture »
Le 22 septembre 2001, 1 000 villes d'Europe ont participé à la journée « En ville sans ma voiture ».
Cette journée vous semble-t-elle utile ? Dites pourquoi :

_____

_____

5 Quelle est la place de l'automobile chez vous ?

_____

_____

6 Pour quels types de déplacement utilise-t-on l'avion en France ?

_____

1

QUELQUES FÊTES TRADITIONNELLES

Comme dans la plupart des pays du monde, chaque région, chaque ville, chaque village en France a ses fêtes et ses traditions. Mais il existe également des fêtes que la plupart des Français partagent.

HIVER

• Noël

La fête la plus importante est Noël (25 décembre), qui célèbre, à l'origine, la naissance du Christ. Pendant cette période, les maisons sont décorées avec des sapins et, dans certaines familles, on fait une **crèche***. C'est sous le sapin que le Père Noël dépose les cadeaux pour les enfants! Le soir du 24 décembre, le **réveillon**, on se réunit avec la famille autour d'un repas traditionnellement composé d'huîtres, de foie gras, de dinde aux marrons et d'un gâteau particulier : la **bûche**. Les catholiques vont à la messe de minuit.

• La Saint-Sylvestre

C'est le 31 décembre. On sort avec des amis, on danse, on boit du champagne et, à minuit, on s'embrasse pour fêter la **nouvelle année**.

• La fête des Rois

On la fête le premier dimanche de l'année. On mange une **galette*** où est cachée une **fève***.

• La Chandeleur

Cette fête tombe toujours le 2 février. Autrefois, c'était la fête des Chandelles, aujourd'hui on mange des **crêpes**.

• Le mardi gras

C'est le dernier jour du **carnaval**. On se déguise et, dans certaines villes, on organise des défilés de chars. Le défilé le plus connu est à Nice, capitale du carnaval. Ce jour précède la période de jeûne du **Carême***.

• La Saint-Valentin

Le 14 février, c'est la fête des **amoureux**. Ce jour, qui n'a pas toujours été célébré en France, a maintenant un certain succès : les amoureux s'échangent des cartes ou des cadeaux.

1 D'après le texte page 76, quelles sont les fêtes plutôt destinées aux enfants et celles plutôt destinées aux adultes ?

_____

_____

_____

2 D'après le dessin, pourquoi peut-on dire que Noël est maintenant la vraie fête nationale en France ?

_____

_____

« *Noël, notre vraie fête nationale* »
Dessin de Serguei paru dans Le Monde, *24 décembre 2002.*

3 Célèbre-t-on Noël chez vous ? Si oui, que fait-on ?

_____

_____

4 Que pensez-vous du texte ci-dessous ?

Je déteste Noël

Chaque année c'est le même cirque : une abondance de guirlandes dans les arbres, des lumières et ça clignote toute la nuit pendant un mois. Et ce n'est pas tout : ça sent la dinde dès qu'on ouvre la porte d'un traiteur et on nous assassine les oreilles avec de la musique sirupeuse à longueur de journée !

D'après 15-20 ans.com, décembre 2000.

_____

_____

_____

_____

_____

_____

_____

5 En vous inspirant des messages du journal *Libération*, rédigez un message pour la Saint-Valentin.

Messages d'amour

À mon amour

Tu aimes rire. Tu aimes danser. Tu aimes les BD,
les Marsupilamis[1], les bonbecs[2], et notre petite poule.
Tu aimes inventer des lampes et peindre des meubles.
Tu veux m'embrasser et dire « bon ben d'accord ».
Moi je t'aime toi et notre petite lutine.

Éliane

Tu as voulu voir Paris, nous avons vu Paris
Tu as voulu voir Prague, on a été à Prague
J'ai voulu voir Buda et on a vu Pest
Promis, en 2002, nous irons à Vesoul.

1. Personnages de la bande dessinée *Spirou*. 2. « Bonbons » en argot.

Source : Libération.com

_____

_____

_____

PRINTEMPS

• Pâques

Cette fête religieuse rappelle la résurrection du Christ. Pâques ne tombe jamais à la même date, mais toujours un **dimanche**, à la fin du mois de mars ou au mois d'avril. Les enfants cherchent dans les jardins (ou dans les appartements) des œufs, des poules, des lapins en chocolat que l'on cache partout. Selon la tradition, ces objets ont été apportés par les cloches qui viennent de Rome. Le **lundi de Pâques** est un jour férié.

• Le « poisson d'avril »

Le 1er avril est le jour des **farces**! Partout, à la radio et à la télévision, on donne de fausses nouvelles, parfois incroyables. Les enfants découpent des poissons en papier qu'ils accrochent dans le dos des autres.

ÉTÉ

Le 21 juin et le 14 juillet sont des fêtes typiquement françaises.

• La Fête de la musique

Le 21 juin, qui coïncide avec le début de l'été, est la Fête de la musique. Il s'agit d'une fête récente qui date de 1982. Tout le monde est dans les rues où sont organisés des concerts en plein air.

• La prise de la Bastille

Le 14 juillet, on célèbre la fête nationale française. La prise de la Bastille marque le début de la Révolution de 1789. À Paris, on organise un grand **défilé militaire** sur les Champs-Élysées devant le président de la République. La veille du 14 juillet, il y a des **bals** en plein air et des feux d'artifice.

Défilé militaire sur les Champs-Élysées.

AUTOMNE

• Halloween

C'est une fête qui a été introduite en France récemment. Les commerçants ont fortement aidé à la promotion de cette fête qui vient des États-Unis. Dans les rues, on rencontre **sorcières**, **citrouilles** et enfants qui demandent des bonbons.

1 D'après les textes des pages 78, quelles sont les fêtes plutôt destinées aux enfants et celles plutôt destinées aux adultes ?

_____

_____

_____

2 Certaines fêtes sont des fêtes légales (voir page 54). Quelles sont les fêtes légales d'origine religieuse et quelles sont les fêtes légales qui ont une autre origine ?

_____

_____

_____

3 Que célèbre la fête nationale dans votre pays ?

_____

_____

4 Célèbre-t-on chez vous le début de l'été ? Si oui, que fait-on ?

_____

_____

_____

5 À votre avis, pourquoi la fête de Halloween, qui n'existait pas en France, rencontre-t-elle aujourd'hui du succès ?

_____

_____

_____

_____

6 Imaginez un poisson d'avril.

_____

_____

Halloween.

2

LES VACANCES

Les vacances ne sont pas les mêmes pour tous !
La saison la plus appréciée pour les vacances est l'été, saison pendant laquelle les séjours sont aussi les plus longs. Mais on part aussi en hiver, surtout pendant les vacances de Noël et les vacances scolaires de février. La destination préférée des Français reste la **mer**. Viennent ensuite dans l'ordre la **campagne**, la **montagne**, la **ville** et les **circuits touristiques**. Même si les Français aiment partir à l'étranger, plus de huit séjours sur dix se déroulent en France.

L'ÉVOLUTION DES HABITUDES

Selon les statistiques, les habitudes des Français ont évolué en dix ans. Ainsi, ils partent **plus souvent**, mais **moins longtemps**. Et, en ce qui concerne les moyens de transport, ils prennent aujourd'hui davantage l'avion pour les longues distances, le TGV pour se déplacer en France, mais la voiture est encore le principal moyen de transport.

LES INÉGALITÉS

Aujourd'hui, malgré la cinquième semaine de **congés payés***, quatre Français sur dix ne partent pas en vacances. Ceci reflète à la fois un déséquilibre social et un déséquilibre géographique. Quand on ne part pas, c'est par manque de moyens économiques (les **chômeurs**, par exemple) ou pour des raisons de santé (les **retraités***, par exemple). Ce sont surtout les habitants des grandes villes – et parmi eux, d'abord les Parisiens – qui partent le plus souvent. Les habitants des communes rurales* sont, en revanche, ceux qui partent le moins.

Pour les vacances d'été, la mer est la destination préférée des Français.

Festival d'Avignon : la culture au soleil.

ACTIVITÉS

1 Dans votre pays, part-on pour les vacances aux mêmes périodes qu'en France ?

_____

2 Quelle est l'origine des inégalités des départs en vacances ?

_____

3 Pourquoi, à votre avis, les habitants des communes rurales partent-ils moins souvent ?

_____

4 Observez le tableau ci-contre. Pourquoi, à votre avis, la côte méditerranéenne est-elle la plus fréquentée par les vacanciers ?

Mer : les destinations préférées des Français	
Côte méditerranéenne	39 %
Côte sud-atlantique	33 %
Côte bretonne	12 %
Côte nord	10 %
Étranger	6 %

Source : *Le Monde*, 04/01/02.

5 Observez le tableau ci-dessous sur les destinations préférées des Français. Cet ordre serait-il le même dans votre pays ?

Les séjours des Français	
Mer	35 %
Campagne	28 %
Montagne	7,5 %
Ville	29,2 %

Source : Insee, 2001

6 Pour vous, les vacances c'est :

– un temps de repos	– un temps de découverte
– un temps d'activités culturelles	– un temps d'activités sportives
– un temps à partager avec les amis	– autre
– un temps à partager avec la famille	

3

LES LOISIRS

En quelques décennies, la durée du travail hebdomadaire a diminué, la durée de la vie après la retraite a augmenté : le temps libre est donc devenu plus important. Et les **loisirs** – ce qu'on fait quand on dispose de son temps – ont pris une place nouvelle dans la société. On leur consacre une part élevée du **budget** (plus de 1 000 euros par an en moyenne). Que font les Français de leur temps libre en dehors des vacances ? Tout dépend de leur âge, de leur sexe, de leur lieu d'habitation et des habitudes de leur milieu social.

À LA MAISON

Malgré des différences, les Français passent beaucoup de temps à la maison, devant les médias et à s'occuper d'audiovisuel : ils regardent la **télévision**, écoutent la **radio** ; ils lisent, surtout des **magazines**, mais aussi des **livres** et, moins régulièrement, des **quotidiens** ; ils regardent des films vidéo ou des **DVD*** ; les plus jeunes jouent en grand nombre aux jeux **vidéo**. L'utilisation des **micro-ordinateurs** n'est pas encore généralisée à domicile (43 % des ménages ont un ordinateur), mais progresse très rapidement. Internet est utilisé par 17 millions de Français.

AU JOUR LE JOUR

Temps consacré à des activités de loisirs en 1999 Moyenne en minutes et par jour	
– Télévision	127
– Lecture	25
– Promenade et tourisme	20
– Conversations, téléphone, courrier	17
– Visites à des parents et connaissances	16
– Jeux (enfants et adultes)	16
– Pratique sportive	9
– Autres sorties	7
– Ne rien faire, réfléchir	7
– Vie associative et civique	6
– Spectacles	5
– Radio, disques, cassettes	4
– Participation religieuse	2
– Pêche et chasse	2
Total	**4 h 23**
Source : INSEE, dans *Francoscopie 2003, Larousse.*	

La télévision reste le loisir favori des Français.

1

Les loisirs, c'est :	Vrai	Faux
Ce qu'on aime faire.		
Les activités collectives après le travail ou l'école.		
Ce qu'on fait quand on a du temps libre.		

2 Quels sont les loisirs des Français à la maison ?

_____

_____

_____

3 D'après le tableau de la page 82, les Français passent-ils leur temps libre plutôt à la maison ou plutôt à l'extérieur ?

_____

_____

_____

4 Y a-t-il des éléments qui vous étonnent dans ce tableau ?

_____

_____

_____

5 Observez la photo page 82 :

– Où la télévision est-elle située ? _____

– Que vous apprend la photo sur le mode de vie de cette famille ? _____

6 Qu'est-ce qui serait différent si cette photo avait été prise chez vous ?

_____

_____

_____

_____

LES SORTIES

Randonnée d'été dans les Alpes.

• **Le sport d'abord**

C'est le **sport**, avant le cinéma, qui fait sortir les Français de chez eux. La moitié des gens de 15 à 75 ans disent pratiquer régulièrement une activité sportive. L'évolution est grande en dix ans. Le sport est devenu très présent : *L'Équipe*, journal exclusivement sportif, est le premier quotidien français ; la mode vestimentaire pour les jeunes s'inspire de différents sports ; la victoire des **Bleus*** à la Coupe du monde de football en 1998 est fêtée comme un événement national… et leur défaite en Coupe du monde en 2002 est présentée par les médias comme un échec national.

• **Le sport pratiqué**

Dans un pays où l'obésité augmente, il s'agit de rester en bonne santé, de contrôler sa silhouette, mais aussi de se faire plaisir en pratiquant une activité conviviale. L'esprit de compétition n'est pas la première raison de l'effort physique. Un Français sur trois pratique un **sport individuel** (randonnée, gymnastique, natation, rollers…) qui présente peu de contraintes. Un Français sur quinze, seulement, pratique un **sport collectif** dans un club. Dans la France des années 2000, le **football** est le sport collectif le plus populaire (2 141 200 **licenciés*** en 2003) et le symbole d'un pays **multiculturel**. Viennent ensuite le tennis (1 075 000 licenciés) et les arts martiaux (757 700). Certains sports coûteux (golf, équitation) sont peu démocratisés. D'autres sont surtout pratiqués dans certaines régions, comme le rugby dans le Sud-Ouest.

• **Le sport spectacle**

Les grands événements sportifs sont des temps collectifs : les Français ne les regardent pas seulement à la télévision mais fêtent dans la rue, parfois devant des écrans géants*, le **Tour de France** cycliste (depuis des décennies), la **Coupe du monde** de football et le départ des grandes **courses à la voile** (depuis quelques années).

Foule devant la Coupe du monde sur écran géant.

1 La place du sport est devenue importante en France. À quoi le voit-on ?

_____

2 Observez ces publicités. Quels sont les produits concernés ?

3 Pourquoi les marques publicitaires utilisent-elles les footballeurs de l'équipe de France ?

_____

4 À votre avis, pourquoi les sports individuels (sans inscription dans un club) sont-ils plus pratiqués que les sports collectifs, en France ?

_____

_____

5 Est-ce la même chose dans votre pays ?

_____

6 Pourquoi certains sports deviennent-ils des sports-spectacles ?

_____

_____

7 Le sport de compétition, c'est :

L'esthétique	Un prétexte à la violence
Le dépassement de ses limites	Un prétexte au nationalisme
L'esprit de groupe	Le règne de l'argent
Un moyen d'échange universel	La destruction du corps

Complétez ce tableau et justifiez votre position.

_____

_____

_____

_____

LES SPECTACLES

Les brocantes attirent de nombreux visiteurs : goût du passé ou goût esthétique des objets anciens ?

Le **cinéma** et les visites de **brocantes** arrivent en tête, pour les sorties, devant les musées, la visite des monuments, les expositions de peinture, les spectacles de cirque ou de théâtre, les concerts. En France, l'opéra est surtout fréquenté par les amateurs aisés des grandes villes.

• Le cinéma

Il y a quelques années, les Français allaient peu au cinéma. Ils recommencent à y aller : trois fois par an en moyenne. Les jeunes y vont davantage. Le développement des **multiplexes*** et le succès de quelques **films français** expliquent en partie cela. Le poids du cinéma américain est important, mais moins qu'ailleurs en Europe. L'État aide financièrement le cinéma national. En 2004, les films français ont représenté 35 % des entrées.

• Les arts plastiques

La création de nouveaux **musées** et la rénovation par l'État des musées anciens (le Grand Louvre, le musée d'Orsay, les musées de Villeneuve-d'Ascq, de Saint-Étienne, de Grenoble, de Lyon) ont renouvelé l'intérêt pour les **arts plastiques**. Dans les grandes villes, les grandes **expositions** de peinture sont des événements. Fait plus récent, la bande dessinée est maintenant considérée comme un art à part entière. Elle a son festival annuel à Angoulême.

• Le théâtre

En France, le théâtre n'est pas un art populaire. Pourtant, les théâtres, souvent **subventionnés** par l'État, sont nombreux. En dehors de cinq théâtres nationaux*, on compte un millier de petites compagnies, des théâtres privés et de nombreux festivals. Le plus célèbre est le **Festival d'Avignon**, qui présente, tous les étés, de nouvelles créations.

Affiche pour le Festival d'Angoulême.

1 Quand vous sortez, faites-vous la même chose que les Français ?

2 Observez le tableau suivant. Que remarquez-vous ?

Les films les plus vus au cinéma en 2004 (millions de spectateurs)	
LES CHORISTES (France)	8,6
SCHRECK 2 (France)	7
HARRY POTTER ET LE PRISONNIER D'AZKIABAN (USA)	7
SPIDER-MAN (USA)	5,3
LES INDESTRUCTIBLES (USA)	4,6
UN LONG DIMANCHE DE FIANÇAILLES (France)	4,4

Source : CNC 2004.

3 Observez l'affiche du Festival d'Angoulême. À votre avis, à qui s'adresse ce festival ?

4 Pourquoi les Français aiment-ils les brocantes et les marchés aux puces ?

5 Les brocantes et les marchés aux puces sont-ils aussi populaires chez vous ?

6 À votre avis, pourquoi l'État français subventionne-t-il le théâtre et l'opéra ?

7 Dans votre pays, l'État intervient-il dans le financement de la culture de la même manière qu'en France ?

• Le cirque

À côté du **cirque traditionnel**, souvent familial, est apparu un **nouveau cirque**, sans animaux, qui fait une place à la danse et au théâtre. Ce nouveau cirque, souvent inventif, attire les jeunes artistes (350 compagnies ont été créées ces dernières années) et de nouveaux spectateurs, adultes comme enfants.

• La musique

Le paysage musical est **varié**. La musique classique, la musique contemporaine, le rock, le jazz, le rap*, le raï*, la chanson d'auteur-compositeur, la musique électronique, le music-hall, ont chacun leurs lieux et leurs **festivals**, qui concernent des publics différents. Depuis sa création par le ministre de la Culture en 1982, la **Fête de la musique** (le 21 juin) est un temps de rencontre.

Affiche d'une compagnie de nouveau cirque.

Pratiques culturelles en amateur

Les Français sont :
16 % à jouer d'un instrument de musique ou à chanter ; 32 % à pratiquer l'écriture, la peinture, l'artisanat, le théâtre, le dessin ou la danse régulièrement ou de temps en temps.

• La lecture

Le nombre de livres lus diminue, mais la lecture reste un loisir pratiqué et **valorisé**. D'une part, les **bibliothèques-médiathèques** municipales sont gratuites (ou peu coûteuses) et fréquentées (un tiers des Français y vont au moins une fois dans l'année). D'autre part, des collections bon marché (le livre à deux euros par exemple) connaissent un réel succès. Que lit-on ? D'abord de la **littérature**, mais les livres d'actualité, qui complètent l'information des médias, les BD, les livres pour la jeunesse ont de plus en plus de succès.

• Le baby-boom de la vie associative

La loi de 1901 a reconnu le **droit d'association***. En 2004, 12,5 millions de **bénévoles*** ont participé, pendant leur temps libre, aux activités de 1 000 000 associations : dans le domaine culturel et sportif, mais aussi dans des associations de solidarité (les Restaurants du Cœur*, S.O.S. villages d'enfants, Amnesty International, etc.) ou liées à l'environnement.

Les « Restos du Cœur ».

1 Chez vous, le cirque est-il un spectacle apprécié des adultes ?

_____

2 Dans le tableau ci-dessous, quels musiciens et chanteurs français ou francophone connaissez-vous ?

Bizet	Céline Dion
Debussy	Patricia Kass
Ravel	Zebda
Poulenc	Johnny Hallyday
Boulez	Francis Cabrel

_____

3 En connaissez-vous d'autres ?

_____

_____

4 Pour développer la lecture, des initiatives nouvelles ont été imaginées : trouvez leur nom.

Une collection de livres bon marché.

Un endroit où on boit, mange et lit les livres mis à disposition.

Un camion-bibliothèque qui vient prêter des livres dans les villages.

Les enfants d'école primaire viennent lire des histoires aux enfants d'école maternelle.

Une journée nationale de la lecture.

Le Bibliobus.

Le café littéraire.

Lire en fête.

La lecture par les plus grands.

Le livre à deux euros.

5 Quelle initiative vous semble la plus intéressante ?

_____

_____

6 Votre pays connaît-il, lui aussi, un « boom » associatif ? Si oui, dans quel domaine ?

_____

4 LES MÉDIAS

LA TÉLÉVISION

3 h 19 : c'est le temps moyen passé devant la télévision (sur ce temps, 2 h 07 sans faire autre chose). Les Français jugent sévèrement une télévision… qu'ils regardent pourtant quotidiennement ! On compte sept grandes chaînes. Quatre appartiennent au **service public*** :

France 2, **France 3**, **France 5** et **Arte** (chaîne culturelle franco-allemande). Trois sont privées : **TF1**, qui est la chaîne la plus regardée, **M6**, et **Canal +**, qui est une chaîne payante. Il existe aussi 20 chaînes disponibles sur le **câble**, un nombre important de chaînes captables par satellite. La TNT (Télévision Numérique Terrestre) permet de diffuser de nouvelles chaînes gratuites ou payantes, mais moins d'un Français sur cinq est concerné. Les émissions qui attirent le plus de téléspectateurs sont le journal télévisé, puis les fictions, les sports, les films, les magazines et les jeux. Une nouvelle forme d'émission est apparue, la **télé-réalité**, qui apporte un moment de célébrité à des gens ordinaires présentant à l'écran leur vie ordinaire. La télévision est présente dans presque tous les foyers (93,6 % en 2001), et environ 40 % d'entre eux possèdent au moins deux téléviseurs.

Durée de la publicité sur les principales chaînes de télévision en 1997, par jour
D'après www.regards.fr/archives 1998.
Tf1 : 127 minutes
M6 : 110 minutes
France 2 : 109 minutes
France 3 : 81 minutes
Arte : 0 minute

LA RADIO

La radio est souvent allumée dans les maisons et dans les voitures : en moyenne, on l'écoute 3 h 10 par jour en semaine. Elle accompagne souvent une autre activité : on écoute les informations le matin en se levant, de la musique en cuisinant, etc. Jusqu'en

1982, la radio était un **monopole d'État**. À côté des **radios du service public** (France-Inter, France-Culture, RFI, France-Info…) il existait seulement quelques **radios périphériques** (RTL, RMC et Europe1). Depuis 1982, les **radios commerciales privées** sont autorisées. Elles s'adressent en général à des publics diversifiés (stations destinées aux jeunes, par exemple) et représentent les deux tiers de l'audience.

1 TV5, chaîne diffusée hors de France, présente des émissions françaises. Connaissez-vous certaines d'entre elles ?

_____

_____

_____

2 À votre avis, y a-t-il des différences, en France, entre une chaîne de télévision du service public et une chaîne de télévision privée ?

_____

_____

_____

3 La chaîne culturelle franco-allemande est-elle une chaîne privée ?

_____

_____

_____

_____

LA TÉLÉVISION ?
JE NE LA REGARDE
JAMAIS, SAUF
JUSTEMENT
HIER SOIR.

Alain Schifres, *Les Hexagons*, Paris, Laffont, 1994.

4 Peut-on dire que les Français écoutent autant la radio qu'ils regardent la télévision ?

_____

_____

_____

5 La radio occupe-t-elle chez vous une place comparable à celle qu'elle occupe en France ?

_____

_____

_____

6 Pourquoi dit-on en France que les médias sont le « quatrième pouvoir » ? (voir *Qui gouverne ?* page 98).

_____

_____

_____

LA PRESSE

• Les quotidiens

La lecture des **quotidiens** (journaux qui paraissent chaque jour) est en baisse en France, peut-être en raison de leur prix. En Europe, seuls les journaux italiens et les journaux suisses sont plus chers. Il existe des quotidiens **nationaux** (les principaux sont *L'Équipe*, *Le Parisien*, *Le Monde*, *Le Figaro*, *Libération*, *Les Échos*, *France-Soir*, *La Croix*, *L'Humanité*). Ils sont lus régulièrement par un peu moins d'un Français sur cinq. Il existe

Les quotidiens payants les plus lus
1. Ouest-France
2. L'Équipe
3. Le Parisien/Aujourd'hui
4. Le Figaro
5. Le Monde
6. La Voix du Nord
7. Libération

aussi des quotidiens **régionaux**, lus par quatre Français sur dix. Les principaux titres régionaux sont *Ouest-France*, *Le Parisien*, *La Voix du Nord*, *Le Progrès*, *Le Dauphiné libéré*. L'arrivée des quotidiens **gratuits** *(20 minutes, Metro)* distribués le matin dans les grandes villes (à Marseille d'abord, puis à Paris et Lyon), suscite des **polémiques** et va peut-être changer les habitudes de lecture.

• Les magazines

Si les Français lisent moins de quotidiens que dans d'autres pays d'Europe, ils lisent, en revanche beaucoup plus de **magazines** (journaux hebdomadaires ou mensuels), en général à la maison mais aussi chez des amis et dans les salles d'attentes ou les salons de coiffure. Les plus lus sont les magazines d'**actualité** (*Paris-Match*, *Le Nouvel Observateur*, *L'Express*), les magazines concernant la télévision (*TV magazine*, *Télé 7 jours*), les magazines **féminins** et **familiaux** (*Femme Actuelle*, *Top Santé*), et aussi les magazines **thématiques** concernant l'automobile, la décoration, la maison et le jardin, les loisirs. Les magazines destinés à différentes **tranches d'âge** (*Notre Temps* pour les seniors, *Phosphore* pour les jeunes) connaissent aussi un certain succès.

1 Observez le tableau 1. Que remarquez-vous ?

_____

_____

2 Polémique autour des gratuits

« Les gratuits ? Pour rien, t'as pas grand-chose ! Ce sont des journaux qui dépendent entièrement de la publicité. Aucun commentaire, aucune analyse, juste des dépêches d'agences de presse. Ces journaux vont voler des lecteurs aux quotidiens payants qui ont déjà du mal à vivre. »

Claude, journaliste

« 70 % des Parisiens ne lisent jamais un quotidien, alors qu'on ne nous dise pas qu'on va tuer la presse ! Nos jeunes lecteurs iront vers les journaux payants, quand leurs moyens auront augmenté. »

Frédéric Filloux, directeur de la rédaction du quotidien gratuit « 20 minutes »

Source : _Le Nouvel Observateur_ n° 1983.

Quel est le point de vue du texte 1 ? _____

Quel est le point de vue du texte 2 ? _____

_____

3 Et vous, qu'en pensez-vous ?

_____

_____

4 Les Français lisent peu de quotidiens nationaux. Le prix des journaux est une des raisons. Y en a-t-il d'autres à votre avis ?

_____

_____

5 La situation est-elle la même chez vous ?

_____

_____

6 En ce qui concerne la presse, qu'est-ce que les préférences des Français, vous apprennent sur eux ?

_____

_____

5

LES AMIS, LES VOISINS

En France, comme dans la plupart des pays, les relations sociales dépendent beaucoup du travail qu'on fait, du lieu où on habite et de ce qu'on fait de son temps libre. Mais tout dépend aussi de l'âge qu'on a.

L'ÂGE ET LES RELATIONS SOCIALES

Adolescents au café.

La **jeunesse** est le temps des **copains**. Le phénomène nouveau est que la jeunesse dure de plus en plus longtemps ! Aujourd'hui, à 19 ans, 70 % des jeunes continuent leurs études. Et le nombre de relations amicales est plus important pour ceux qui vont encore à l'école que pour ceux qui travaillent. Avec qui est-on ami ? Au collège, les enfants ont des amis de milieux sociaux différents. Dix ans après la fin du collège, ce mélange social se réduit.

À l'**âge adulte**, l'entrée dans le monde du travail – pour ceux qui ont un emploi – et la naissance d'un enfant modifient les contacts sociaux. Fini le temps des longues discussions au café ! C'est le temps des nouvelles relations de travail ; c'est aussi un moment où on est moins disponible. En moyenne, les cadres et les professions intellectuelles ont plus d'**interlocuteurs** – de gens à qui parler – que les artisans. Les ouvriers sont ceux qui ont les liens les plus étroits avec leur famille large.

Après la **retraite**, les liens sociaux changent encore : les **relations**, ce sont les parents proches, les voisins, les commerçants du quartier. Pour certains « nouveaux retraités* » qui voyagent ou animent des associations, les relations sociales sont plus nombreuses.

LE VOISINAGE

On communique davantage avec ses voisins dans les petites communes que dans les villes moyennes ou grandes. En ville ou en banlieue, on ne se parle pas forcément parce qu'on habite le même immeuble. Cependant, une **vie de quartier** existe souvent.

A C T I V I T É S

1   En France, quel rapport y a-t-il entre l'âge qu'on a et les gens qu'on choisit de fréquenter ?

_____

_____

2   Est-ce la même chose chez vous ?

_____

3   À l'âge adulte, les amis appartiennent en général à des milieux sociaux proches, et aux mêmes catégories : les hommes sont amis avec les hommes, les employés avec les employés, les trentenaires avec les trentenaires, etc. À votre avis, pourquoi le mélange social se réduit-il ?

_____

_____

_____

4   Les « nouveaux retraités » profitent de leur temps libre. Imaginez que vous êtes un « nouveau retraité » en France…

Comment votre vie est-elle organisée ? _____

_____

Quels sont vos projets avec vos amis, pour l'année prochaine ? _____

_____

5   Qu'est-ce qu'un ami ? À une enquête, des Français interrogés ont répondu :

« Un ami, c'est quelqu'un sur qui on peut compter en cas de besoin ».

Êtes-vous d'accord avec cette définition ? _____

_____

_____

6   Entre voisins, en France, c'est souvent « chacun chez soi ». Cette expression signifie :

	Oui	Non
Il ne faut pas s'occuper de la vie des autres.		
Tout homme a droit à un logement.		
Un étranger est le bienvenu dans la maison.		

6 LES ANIMAUX DE COMPAGNIE

Les Français aiment beaucoup les animaux de compagnie qui font partie de leur vie quotidienne. En 2000, on comptait 60 millions d'habitants en France et 47 millions d'animaux domestiques, essentiellement des **chats**, des **chiens** (16,3 millions) et des **oiseaux**. Les étrangers sont parfois surpris de trouver des rayons entiers d'aliments pour animaux dans les supermarchés! Dans les villes, il y a des **espaces aménagés** pour les chiens et il existe des lois qui obligent les propriétaires d'animaux à faire attention à la propreté des rues. On aime les animaux… mais on les abandonne parfois, spécialement lors des départs en

Bande dessinée de Joann Sfar,
Le Chat du Rabbin, *Dargaud, 2002.*

vacances. Des associations défendent les animaux domestiques (par exemple la Société protectrice des animaux, la **SPA**). Ces animaux sont souvent un moyen de lutter contre la solitude, en particulier chez les personnes âgées.

VOUS AVEZ RAISON DE NE PAS LES RAMASSER ELLE LE FAIT TRES BIEN A VOTRE PLACE

MAIRIE DE PARIS *Propreté* AIDEZ-NOUS A GARDER LES RUES PROPRES

*Publicité de la mairie de Paris
pour la propreté des rues.*

LES NAC

Depuis quelques années, on assiste à un phénomène de mode nouveau : l'apparition des « nouveaux animaux de compagnie » – les NAC – dans les maisons. Il s'agit d'animaux exotiques qu'on admire généralement dans les zoos : serpents, iguanes, bébés tigres, singes… Ce phénomène pose un certain nombre de problèmes. Par exemple, ces animaux ont besoin d'espaces souvent plus vastes qu'un appartement et d'un climat plus chaud que celui de la France. Et il y a aussi des dangers : que faire si un serpent s'enfuit chez votre voisin? De plus, soigner ces animaux demande des savoir-faire particuliers.

1 Que pensez-vous de la proportion habitants/animaux de compagnie en France ?

_____

_____

_____

2 Dans votre pays, les animaux domestiques sont-ils présents dans la vie quotidienne ?

_____

_____

3 Si oui, quels sont les animaux de compagnie dans votre pays ?

_____

_____

4 Que pensez-vous du phénomène des NAC ?

_____

_____

_____

5 Observez la publicité en bas de la page 96. À votre avis, pourquoi la Mairie de Paris propose-t-elle une publicité aussi violente ?

_____

_____

6 En France, il vaut mieux être chien que cheval, chat que vache et rat que lapin. Pourquoi ?

_____

_____

_____

_____

_____

Une boucherie chevaline.

1 QUI GOUVERNE ?

Depuis 1792, la France a eu cinq **Républiques**. Chaque République se donne une nouvelle **Constitution**. La Constitution actuelle date de 1958. Elle repose sur le principe de la « séparation des trois pouvoirs » : le pouvoir exécutif, le pouvoir législatif et le pouvoir judiciaire.

LE POUVOIR EXÉCUTIF

Le pourvoir exécutif est le pouvoir d'appliquer les lois.

Le **Président** est le chef de l'État. Il est élu, depuis 1962, au **suffrage universel direct*** et, depuis 2002, pour cinq ans : il s'agit du **quinquennat**. L'actuel président de la République française est Jacques Chirac, qui a été élu en 2002 pour la seconde fois. Le rôle du président de la République est de veiller au respect de la Constitution et de garantir **l'indépendance** et **l'intégrité** de la France. Il est aussi le chef des Armées. Ses principaux pouvoirs consistent à :

– nommer le Premier ministre et accepter son gouvernement ;

– présider le conseil des ministres ;

– promulguer les lois ;

– dissoudre l'Assemblée nationale ;

– décider des interventions militaires ;

– décider du droit de grâce.

Le Premier ministre mène la politique du gouvernement, qui travaille en étroite collaboration avec le président de la République. Ensemble, ils assurent le pouvoir exécutif. Le Président réside au **palais de l'Élysée,** et le Premier ministre à l'**hôtel Matignon**, à Paris.

Fronton républicain.

Promulguer une loi : transformer une proposition de loi en texte de loi.
Dissoudre : mettre fin avant la date légale.
Droit de grâce : le Président peut annuler la peine d'un condamné ou la transformer en une peine moins forte.
Septennat : présidence d'une durée de sept ans (avant 2002).

■ **La cohabitation**

On parle de cohabitation lorsque le président de la République n'est pas du même parti politique que le Premier ministre. La première cohabitation a eu lieu en 1986 sous la présidence de François Mitterrand.

Les élections présidentielles sont organisées en deux tours :
• pour être élu au premier tour, il faut obtenir la majorité absolue (50 % des voix + 1)
• si aucun candidat n'a obtenu la majorité absolue, on organise un second tour. Seuls les deux meilleurs candidats du premier tour peuvent se présenter au second tour. Le candidat élu est celui qui a obtenu le plus grand nombre de voix (majorité relative).

ACTIVITÉS

1 Qui fait quoi?

QUI?	QUOI?
Le Président	
Le Premier ministre	
Le gouvernement	

2 En France, comment est élu le président de la République?

_____

_____

Le président de la République Jacques Chirac
avec l'écrivain Daniel Picouly.

3 Que signifie le terme « cohabitation »?

_____

_____

_____

_____

4 Associez un terme de la liste A avec un terme de la liste B.

A		B	
Premier ministre	●	●	Chef de l'État
Gouvernement	●	●	Ministres
Chef des Armées	●	●	Élections
Président	●	●	Président
Suffrage universel	●	●	Hôtel Matignon

5 Dans votre pays, comment le pouvoir gouvernemental est-il organisé?

_____

_____

_____

_____

_____

_____

LE POUVOIR LÉGISLATIF

C'est le pouvoir de faire les lois.
Le pouvoir législatif est assuré par le **Parlement**. Le Parlement se compose de deux chambres : **l'Assemblée nationale** (appelée Hémicycle pour sa forme en demi-cercle) et le **Sénat**. L'Assemblée nationale compte actuellement **577 députés** élus au suffrage universel direct pour cinq ans. Elle représente le **peuple**. Le Sénat, qui représente les **collectivités locales***, se compose de 331 sénateurs élus au **suffrage universel indirect*** pour six ans. L'Assemblée nationale et le Sénat travaillent séparément, mais, lorsqu'il s'agit de modifier la Constitution, ils travaillent ensemble. Le siège de l'Assemblée nationale est au **palais Bourbon**, celui du Sénat au **palais du Luxembourg**, à Paris.

L'Assemblée nationale.

L'ÉLABORATION D'UNE LOI

L'initiative d'une loi appartient au Premier ministre – **projet de loi** – ou aux députés – **proposition de loi**. Le projet ou la proposition de loi sont discutés à l'Assemblée nationale, le texte est ensuite transmis au Sénat, qui peut le modifier. Les discussions entre l'Assemblée nationale et le Sénat peuvent être très longues : pour adopter une loi, les deux chambres doivent tomber d'accord. C'est enfin le président de la République qui promulgue la loi (voir page 98).

Le palais du Luxembourg, siège du Sénat.

1 Faites la liste des informations dont vous disposez sur l'Assemblée nationale et le Sénat.

Assemblée nationale	Sénat

2 Quelle est la différence entre « proposition de loi » et « projet de loi » ?

3 À partir de quel moment une loi peut-elle être adoptée?

4 Chassez l'intrus :

Assemblée nationale - palais Bourbon - députés - sénateurs

Sénat - collectivités locales - palais du Luxembourg - jardin

Parlement - pouvoir législatif - chambre - pièces

loi - projet - proposition - dessin

5 Comment sont élaborées les lois dans votre pays?

LE POUVOIR JUDICIAIRE

C'est le pouvoir de rendre la justice.

Le pouvoir judiciaire est exercé par des **magistrats**. Ces magistrats sont également appelés **juges**. Le pouvoir judiciaire français est très complexe. Les grands principes démocratiques de la justice remontent au siècle des Lumières (XVIIIᵉ)

> *Tout citoyen doit être jugé selon la même procédure et sans discrimination d'ordre raciale, religieuse, politique ou culturelle.*
>
> Préambule de la Constitution du 27 octobre 1946.

et au **Code Napoléon** (1804). Ce sont la Révolution et Napoléon qui sont à l'origine du droit moderne.

Parmi les principes judiciaires français, les plus importants sont :

– **l'indépendance** de la justice : les juges sont indépendants dans l'exercice de leurs fonctions. Cela tient à la séparation des trois pouvoirs (voir page 98) ;

– **la présomption d'innocence** : tant que les preuves de culpabilité ne sont pas apportées, une personne est déclarée innocente. Cela signifie qu'on ne peut pas garder quelqu'un en prison s'il n'est pas jugé coupable ;

– **l'égalité et le libre accès à la justice** : tous les citoyens sont égaux devant la loi. De plus, la justice en France est gratuite, c'est-à-dire que les personnes défavorisées bénéficient d'une aide ;

– **la justice est publique** : les audiences des tribunaux sont ouvertes à tous. Ce principe permet aux citoyens de se rendre compte du bon fonctionnement de la justice.

Magistrates au Palais de Justice.

1　À quelle période historique remontent les principes du droit moderne ?

_____
_____
_____
_____

2　Quels sont les principes les plus importants de la justice française ?

_____
_____
_____
_____

3　Pourquoi les magistrats français sont-ils indépendants ?

_____
_____
_____
_____

4　Vrai ou faux ?

	V	F
En France, la justice est gratuite.		
Le pouvoir judiciaire n'est pas indépendant.		
Le public peut assister aux audiences des tribunaux.		
« Juge » est un synonyme de « magistrat ».		
Les magistrats sont toujours des hommes.		
Les étrangers ne sont pas égaux aux Français devant la loi.		

5　Comment la justice est-elle organisée dans votre pays ?

_____
_____
_____
_____

2

LA VIE CITOYENNE

LES PARTIS POLITIQUES

On oppose traditionnellement les partis de droite aux partis de gauche. Si cette opposition est parfois trop simple, elle reste utile pour comprendre la vie politique en France. À **droite**, le principal parti s'est formé à l'occasion des élections présidentielles d'avril 2002. La plupart des partis de droite se sont réunis autour de Jacques Chirac dans l'Union pour le majorité présidentielle (**UMP**). En dehors de ce rassemblement, existe aussi l'**UDF** (Union pour la démocratie française). L'extrême droite est essentiellement représentée par le Front national (**FN**). À **gauche**, le Parti socialiste **(PS)** est le parti le plus important en nombre d'adhérents. De 1997 à 2002, le PS a formé avec ses principaux alliés, les **Verts** (le Parti écologiste) et le Parti communiste **(PC)**, le gouvernement de la « gauche plurielle ». Il existe aussi une extrême gauche, très minoritaire mais active (la **LCR**, Ligue communiste révolutionnaire, et **LO**, Lutte ouvrière).

LES SYNDICATS

L'action syndicale a beaucoup amélioré les conditions de travail. Mais, paradoxalement, les Français sont les salariés les moins syndiqués d'Europe (7 % de syndiqués). Les principales centrales syndicales de salariés sont la **CGT** (Confédération générale du travail), la **CFDT** (Confédération française démocratique du travail) et **FO** (Force ouvrière). Les patrons, eux, sont représentés essentiellement par le **Medef** (Mouvement des entreprises de France).

LES ASSOCIATIONS

Le **mouvement associatif** est important en France. Si un grand nombre d'associations s'occupent d'activités sportives et culturelles, d'autres se préoccupent de questions politiques locales ou nationales qui ne sont pas toujours considérées par les partis ou les syndicats.

Manifestation d'associations en décembre 2002.

1 Vrai ou faux ?

	V	F
À partir de 2002, le gouvernement au pouvoir est celui de la gauche plurielle.		
La gauche française est unie en un seul parti.		
La plupart des salariés sont syndiqués.		
Toutes les associations ont un projet politique.		
Les associations politiques ne s'occupent que de problèmes locaux.		

2 Pourquoi le pourcentage de salariés syndiqués en France est-il paradoxal ?

_____

_____

_____

3 Observez la photo de la page 104 : qui manifeste ?

_____

_____

_____

4 À votre avis, il s'agit d'une manifestation contre :

• la commercialisation de la fête de Noël. _____

• la vente en France de jouets étrangers. _____

• les conditions de travail de ceux qui fabriquent les jouets dans les pays pauvres. _____

5 Que signifie le slogan écrit sur la pancarte « exigeons des jouets 100 % droits de l'homme » ?

_____

_____

_____

6 Une manifestation de ce type pourrait-elle avoir lieu chez vous ?

_____

_____

_____

3

FAMILLES

Quand on parle de « sa » famille aujourd'hui, en France, on parle essentiellement des gens avec qui on vit, même si les « fêtes de famille » et les « repas de famille » rassemblent parfois un groupe plus large de parents. Une famille, c'est donc deux personnes au moins, vivant ensemble dans la même maison. 70 % des Français sont dans cette situation. En trente ans, les manières de vivre ensemble ont beaucoup changé.

▬ VIVRE EN COUPLE

• Le mariage

Le mariage reste le mode de vie commune le plus courant même s'il ne cesse de baisser. En 2002, 85 % des adultes vivant en couple sont mariés. On se marie tard : 28 ans en moyenne pour les femmes, 30 ans pour les hommes. Avant de se marier, on vit souvent ensemble – en **union libre*** – sans engagement officiel. Le mariage légal est un mariage **civil**, célébré à la mairie. Le mariage **religieux**, qui peut avoir lieu ensuite, est devenu moins fréquent : moins d'un couple sur deux se marie aujourd'hui à l'église. Le mariage est l'occasion d'une fête. Traditionnellement, les mariés reçoivent des cadeaux, souvent choisis

Après la cérémonie…

sur une liste établie par eux à l'avance : **la liste de mariage**. Certains préfèrent se faire offrir un voyage par l'ensemble de leurs invités.

• L'union libre

Jusqu'à l'âge de 26 ans pour les femmes et de 28 ans pour les hommes, les couples qui vivent en **cohabitation** sont plus nombreux que les couples mariés. Mais l'union libre* n'est pas seulement une situation provisoire avant le mariage. Près de 15 % des couples préfèrent ce mode de vie (surtout dans les grandes villes) et 43 % des enfants naissent hors mariage.

• Le Pacs

Le pacte civil de solidarité (Pacs), voté en 1999, est un **contrat** passé entre deux personnes, de même sexe ou de sexe opposé. Les couples **pacsés** bénéficient de droits sociaux proches des droits des couples mariés.

1 Comment définit-on aujourd'hui une famille en France ?

_____

2 La plupart des Français vivent-ils en famille ?

_____

3 En France, à quelles occasions ont lieu les « réunions de famille » ?

_____

4 Et chez vous, quand y a-t-il des « réunions de famille » ?

_____

5 Quelles sont les principales caractéristiques du mariage en France ?

_____

_____

6 Est-ce différent chez vous ?

_____

7 Une annonce dans le journal _Le Monde_.

Vous souhaitez annoncer votre mariage de manière originale mais les tarifs limitent votre lyrisme.
Vous disposez d'un budget de 180 euros et chaque ligne de 25 caractères coûte 15 euros.
Rédigez votre annonce.

Quelques exemples de formules

X et Y font le grand saut…
X et Y ont la joie d'annoncer…
X et Y sont heureux de faire part de…
X et Y se marient…
X et Y vont vous étonner…

LES « NOUVELLES FAMILLES »

• Les familles monoparentales

Dans une famille monoparentale, un adulte (souvent la mère) vit seul avec ses enfants. C'est le cas après un **divorce**, après la mort du **conjoint**, ou quand un adulte **célibataire** élève seul un enfant. Le nombre de ces familles est en augmentation, et en France, aujourd'hui, plus d'un enfant sur dix vit dans une famille de ce type. Les familles monoparentales sont les familles qui ont le plus de difficultés financières. L'état leur verse une **allocation de parent isolé***, variable selon les ressources.

• Divorce et familles recomposées

Le nombre des **divorces** augmente : 40 % des mariages en France se terminent par un divorce (50 % à Paris). La plupart des divorcés créent ensuite une nouvelle famille. On parle de famille **recomposée** quand les enfants du nouveau mariage vivent avec leurs **demi-frères** et **demi-sœurs**. C'est parfois une famille nombreuse.

LES RÔLES DANS LA FAMILLE

Aujourd'hui, la plupart des femmes travaillent. Le partage des décisions dans la famille est devenue plus **égalitaire**, mais le partage des travaux domestiques reste encore inégal. L'écart entre les hommes et les femmes se réduit… un peu : entre 1975 et 1986, les hommes ont augmenté de 11 minutes le temps consacré au travail domestique. En 1999 les femmes actives passaient chaque jour 3 h 48 à s'occuper de la maison, les hommes actifs, 1 h 59.

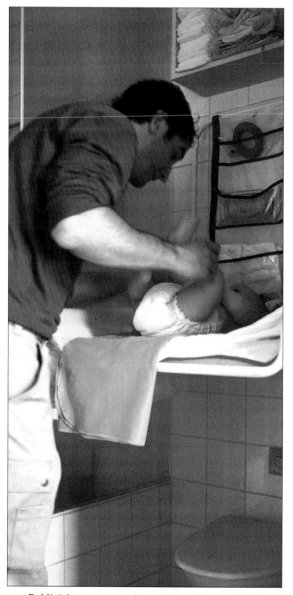

Publicité pour un catalogue de meubles en 2003.

1 Il existe dans la France actuelle plusieurs « types » de familles. Lesquels ?

2 Quelles sont les différences essentielles entre les formes de la famille en France et les formes les plus habituelles de la famille chez vous ?

3 Lisez le texte ci-dessous : quels sont les rapports des parents avec leurs enfants adultes ?

> ### Racines
>
> « À la retraite, nous irons habiter près de Nantes, pour nous rapprocher de notre fille. »
> La véritable attache n'est plus la terre des ancêtres, c'est le foyer des petits-enfants. Ce n'est pas la tombe où l'on ne va plus, c'est la rue de la maternelle.
>
> Claude Habib, *France : les révolutions invisibles*, Calmann-Lévy, 1998

4 Chez vous, les parents vivent-ils souvent avec un de leurs enfants adultes ?

5 « Français, encore un effort... »

À votre avis, parmi les tâches domestiques suivantes : le soin aux enfants, les courses, la cuisine, la vaisselle, le lavage du linge, le repassage, le bricolage, le ménage, le jardinage, les soins aux animaux, quelles sont :

les deux tâches que les hommes, en France, font le plus volontiers	les deux tâches que les hommes, en France, font le plus rarement

6 La publicité de la page 108 vous semble-t-elle représentative ? Pourquoi ?

L'ÉTAT ET LA FAMILLE

Groupe d'enfants dans une crèche.

Dans une France qui vieillit, pour encourager les familles à avoir des enfants, l'État met en place une **politique familiale**. Tout d'abord, la loi reconnaît l'égalité des droits entre les enfants nés dans et hors mariage. Ensuite, l'État apporte des aides financières aux familles. Enfin, certaines dispositions facilitent l'organisation de la vie des parents qui travaillent.

• Les aides financières

Toutes les familles d'au moins deux enfants reçoivent des **allocations familiales*** (en 2003, environ 115 euros par mois pour deux enfants, 262 euros pour trois enfants), jusqu'aux vingt ans de l'enfant. D'autres aides sont attribuées, plus ou moins importantes selon le revenu : une réduction d'**impôt** sur le revenu, une **allocation logement**, une **allocation de rentrée scolaire**. L'**allocation parentale d'éducation*** (environ 515 euros en 2005) est versée pendant trois ans à l'un des deux parents qui s'arrête de travailler pour élever son enfant. C'est la mère, plus souvent que le père, qui fait ce choix.

• Vie familiale et vie professionnelle

Le **congé de maternité*** permet à la femme de s'arrêter de travailler en conservant son salaire. Ce congé commence six semaines avant l'accouchement et se termine dix semaines après. Il est un peu plus long s'il s'agit du troisième enfant. Depuis 2002, les pères bénéficient eux aussi d'un congé de quinze jours lors de la naissance d'un enfant. Quand les parents travaillent, le problème le plus difficile est celui de la garde des jeunes enfants. Les **crèches*** collectives municipales accueillent peu d'enfants. Les familles confient souvent leurs bébés, pendant la journée, à des **assistantes maternelles*** qui gardent plusieurs enfants à leur domicile. Une autre solution, coûteuse, consiste pour les parents à employer chez eux une **garde d'enfant**. Dans ce cas, l'État peut verser aux familles une aide financière.

1 Pourquoi l'État a-t-il une politique familiale ?

_____

_____

2 Comment l'État aide-t-il les familles ?

_____

_____

3 Les aides financières sont-elles les mêmes pour toutes les familles ?

_____

_____

_____

4 En France, comment est-il possible, pour les parents de jeunes enfants, de concilier vie professionnelle et éducation des enfants ?

_____

_____

5 Vous êtes un Français ou une Française de trente-deux ans. Vous décidez, en accord avec votre femme ou votre mari, de prendre un congé parental d'un an et de rester à la maison pour élever votre deuxième fille qui vient de naître. Vos collègues, informaticiens comme vous, ont du mal à comprendre. Vous essayez de leur expliquer votre décision. Que leur dites-vous ?

_____

_____

_____

_____

6 Faites une liste des différences qui existent entre la politique familiale de votre pays et celle de la France actuelle.

_____

_____

_____

_____

4

L'ÉCOLE

Les Français vont à l'école dès leur plus jeune âge! Le système scolaire français est compliqué et le rythme est assez dur. Généralement, on reste à l'école de 8 h 30 du matin jusqu'à la fin de l'après-midi, mais le mercredi, on se repose. Toutes les six semaines, les élèves ont quinze jours de vacances (voir page 54).

Sortie de lycée.

LES PRINCIPES

Depuis la Révolution de 1789, l'enseignement est public et comporte **trois degrés** : l'enseignement primaire, l'enseignement secondaire et l'enseignement supérieur. En 1882, Jules Ferry – ministre de l'Éducation nationale de la IIIᵉ République – fait voter des lois sur **l'obligation scolaire**, la **laïcité*** (l'Église est exclue de l'organisation de l'enseignement) et la **gratuité** de l'école. Aujourd'hui, ces principes sont encore à la base de l'enseignement, même s'ils ont quelque peu évolué. Par exemple, l'obligation scolaire est passée de 12 à 16 ans et la gratuité est complète dans l'enseignement primaire et dans l'enseignement secondaire. Dans l'enseignement supérieur (l'université), les étudiants paient des **droits d'inscription** qui sont peu élevés par rapport à d'autres pays européens. Le système des **bourses*** **d'études** permet à certains étudiants de s'inscrire à l'université sans rien payer.

> *En France, existent aussi des établissements privés : un élève sur six est scolarisé dans ce système. Ces établissements sont payants et, dans la majorité des cas, catholiques. Certains sont sous contrat avec l'État, c'est-à-dire qu'ils suivent les programmes des établissements publics et que l'État prend en charge le salaire des enseignants.*

1   Vrai ou faux ?

	V	F
En France on va à l'école le matin.		
L'enseignement primaire est gratuit.		
L'enseignement supérieur est gratuit.		
L'école est obligatoire jusqu'à 14 ans.		
La laïcité veut dire que toutes les religions sont présentes à l'école.		
Les écoles privées sont les plus nombreuses.		
Les bourses sont des aides financières.		

2   Les études françaises s'organisent en degrés. Quels sont ces degrés ?

_____

_____

_____

3   Comment l'école est-elle organisée chez vous ?

_____

_____

_____

4   Y a-t-il une éducation religieuse dans les écoles en France ?

_____

_____

_____

5   Y a-t-il une éducation religieuse à l'école dans votre pays ?

_____

_____

6   Dans votre pays, la scolarité est-elle gratuite ou payante ?

_____

_____

DE LA MATERNELLE AU LYCÉE

Pour les enfants de 3 à 17 ans, le système scolaire français est composé de deux niveaux généraux : le premier degré et l'enseignement secondaire.

• Le premier degré
L'école maternelle n'est pas obligatoire et concerne les enfants de 3 à 5 ans (certaines écoles acceptent les enfants dès 2 ans). La maternelle comprend la petite, la moyenne et la grande section, qui fait le lien avec l'école primaire.
L'école primaire concerne les enfants de 6 à 10 ans. C'est ici que les petits Français commencent à lire, à écrire, à compter... Elle est organisée de la façon suivante : un an de cours préparatoire (CP), deux ans de cours élémentaire (CE) et deux ans de cours moyen (CM).

Dans la cour de récréation.

• L'enseignement secondaire
Le collège concerne les élèves de 11 à 14 ans (classes de 6e, 5e, 4e et 3e). À la fin du collège, les élèves passent le **brevet** des collèges. C'est à ce moment qu'on décide de l'**orientation** des élèves : ils peuvent continuer leurs études générales au lycée, ou aller dans un lycée professionnel qui les prépare à des diplômes techniques. Ces diplômes sont : le **BEP** (brevet d'enseignement professionnel), le **CAP** (certificat d'aptitude professionnelle) et le **Bac pro** (baccalauréat professionnel). En France, cette orientation n'est pas encore très valorisée.
Le lycée concerne les élèves de 15 à 18 ans (classes de 2nde, de 1re, de terminale) et mène au **baccalauréat** (le bac). Il y a différents types de bac généraux : le bac L est le bac à orientation littéraire, le bac S à orientation scientifique, le bac ES à orientation économique et sociale, etc. Le bac permet de continuer les études dans l'enseignement supérieur à l'université.

1 À quel âge les enfants commencent-ils à être scolarisés en France ?

_____

_____

_____

_____

2 Quels sont les diplômes que les élèves obtiennent à la fin du collège et à la fin du lycée ?

_____

_____

_____

_____

3 Qu'est-ce que permet le bac ?

_____

_____

_____

_____

4 Dans votre pays, passe-t-on un examen à la fin de l'enseignement secondaire ? Que permet-il ?

_____

_____

_____

_____

5 Comparez l'organisation du lycée en France et l'équivalent dans votre pays.

En France	Dans votre pays
On commence à 15 ans…	

L'ENSEIGNEMENT SUPÉRIEUR

• Deux grandes orientations

L'enseignement supérieur public comprend deux types d'institutions : les **universités** et les **grandes écoles**. L'entrée à l'université est possible avec le bac, alors que, pour entrer dans les grandes écoles, il faut passer des **concours** difficiles. Les **classes préparatoires** (« classes prépa »), scientifiques, économiques ou littéraires, préparent en deux ans à ces concours. Quand un étudiant réussit son concours dans une grande école, à la fin de ses études, il trouve très facilement du travail. C'est dans ces écoles qu'on forme les **cadres supérieurs*** les plus recherchés. L'université permet en revanche un très **large choix de disciplines** et, à son niveau le plus élevé, forme des **chercheurs**.

• Les diplômes supérieurs

Les études supérieures durent entre deux et huit ans.

Dans les **IUT** (instituts universitaires de technologie), on passe le **DUT** (diplôme universitaire de technologie). Dans les classes de techniciens supérieurs, on passe un **BTS** (brevet de technicien supérieur). La durée des études est courte : deux ans. Ce sont des **études à finalité professionnelle**.

Depuis peu, l'université a adopté le système universitaire européen (LMD) qui valide des diplômes au bout de trois, cinq ou huit ans d'études. À la fin de la troisième année, on peut obtenir une **licence** (l), à la fin de la cinquième, un **master** (M). Le master dure donc deux ans et conduit ensuite à une spécialisation professionnelle soit à la recherche. Le **doctorat** (D), qui suit le master est une recherche très détaillée qui dure de 3 à 4 ans et qui permet, par exemple, d'enseigner à l'université.

Bibliothèque de l'Institut de Sciences Politiques, à Paris.

1   Que veulent dire les sigles suivants ?

IUT :

DUT :

LMD :

BTS :

2   Quelle est la différence entre un élève et un étudiant ?

3   Quelles sont les différences entre l'université et les grandes écoles ?

université	grandes écoles

4   Actuellement, combien de temps les études supérieures durent-elles ?

5   Y a-t-il un avantage à avoir le même système d'études supérieures dans plusieurs pays ?

6   Comment l'enseignement supérieur est-il organisé dans votre pays ?

5 LE TRAVAIL

Après les **Trente Glorieuses** – 1945/1975 –, le monde du travail a beaucoup changé.

QUEL TRAVAIL ?

L'agriculture, premier secteur économique, et **l'industrie,** deuxième secteur économique, ont perdu beaucoup d'emplois. Le secteur des **services***, appelé aussi secteur **tertiaire**, s'est développé et occupe désormais plus de 70 % de la **population active***. Le tertiaire correspond à des emplois très divers, privés ou publics, qui demandent souvent des **qualifications** : le commerce, les banques, les assurances, le tourisme, l'immobilier, l'audiovisuel, les transports, les télécommunications, les loisirs, mais aussi un très important secteur public (5 millions de **fonctionnaires***) dans les domaines de la santé, de l'éducation, de l'action sociale, de la police, etc.

Catégories socioprofessionnelles en France, 2001 (en pourcentage de la population active)	
Catégories %	En 2001
– Agriculteurs, exploitants	2,4
– Artisans, commerçants, chefs d'entreprise	5,8
– Cadres[1] et professions intellectuelles supérieures	13,4
– Professions intermédiaires[2]	20,3
– Employés	29,7
– Ouvriers	27,4

1. les cadres : ceux qui encadrent d'autres salariés.
2. les professions intermédiaires sont entre les cadres et le personnel d'exécution (ouvriers, employés).

Source : Insee

QUI TRAVAILLE ?

La population active représente 44 % de la population nationale, soit environ 27 millions de personnes en 2004. La population d'**inactifs** s'explique ces dernières années par l'allongement de la scolarité, de l'âge légal du départ à la retraite – entre 60 et 65 ans – et de la disparition de certains emplois. Les femmes sont massivement entrées dans le monde du travail. Elles représentent environ la moitié de la population active. La France est le pays d'Europe où la différence entre l'activité féminine et l'activité masculine est la plus faible. Le travail à **temps partiel***, qui correspond rarement à un choix, n'est pas très développé : 30 % des femmes mais seulement 5 % des hommes travaillent à temps partiel.

L'ordinateur, un outil de travail de plus en plus utilisé.

1 Quel rapport y a-t-il entre un médecin, un fleuriste, un garagiste, un policier, une postière ?

_____

2 Observez le tableau page 118 : que remarquez-vous ?

_____

_____

3 Les emplois du tertiaire sont souvent des emplois qualifiés. À votre avis, quelle conséquence cela a-t-il sur l'emploi ?

_____

_____

4

> La France produit environ 22 % de la valeur de la production agricole de l'Union européenne.
> Les agriculteurs représentent 2,4 % de la population active française.

Que pouvez-vous dire de l'agriculture française ? _____

_____

_____

5 Regardez dans le texte page 118 le pourcentage des hommes et des femmes qui travaillent à temps partiel en France. La différence vous paraît-elle importante ? Comment pouvez-vous l'expliquer ?

_____

_____

_____

6 « Français, encore un effort… »

En France, les femmes sont très présentes dans le monde du travail. Il y a pourtant deux métiers qu'elles exercent rarement. À votre avis, lesquels ?

● Médecin _____

● Chef d'entreprise _____

● Député _____

● Professeur _____

● Écrivain _____

L'ORGANISATION DU TRAVAIL

Avec le développement du tertiaire, les grandes entreprises n'ont pas disparu en France (sur les 200 plus gros groupes mondiaux, 20 sont français), mais beaucoup de salariés travaillent maintenant dans les petites et moyennes entreprises, les **PME***/**PMI***. Dans ces structures, le travail permet souvent plus d'initiatives mais demande aussi plus de disponibilité de la part des salariés – la **flexibilité** – et les **syndicats,** qui négocient traditionnellement l'amélioration des conditions de travail, sont peu représentés.

Le travail devient plus rare et les salariés ont peur de le perdre. Dans ce contexte, que devient *Le bonheur au travail*? C'est le thème d'une grande enquête menée début 2003 auprès de 6 000 personnes par des sociologues dans toute la France (Baudelot et Gollac, Fayard, 2003).
Conclusion ? le travail reste une valeur très importante (pas de bonheur sans travail) mais, dans une société concurrentielle, le stress ressenti au travail est de plus en plus grand et il est difficile, dans beaucoup de métiers, d'être heureux au travail.

En 1998, pour permettre la création de nouveaux emplois, la durée légale du travail est passée de 39 heures à **35 heures**. Cette loi « d'aménagement de la réduction du temps de travail » (**RTT***) est l'objet de polémiques. Cependant, les salariés qui travaillent 35 heures ne souhaitent pas, en général, recommencer à travailler davantage. Un salaire minimum, le **Smic***, est garanti : en 2005, il s'élève à environ 8 euros de l'heure. Depuis 1936, les salariés ont droit à des **congés payés*** (5 semaines par an aujourd'hui).

Des balayeurs parisiens.

LE CHÔMAGE

Le chômage fait partie des préoccupations des Français et de leur quotidien. Chaque petite ville, chaque quartier des grandes villes a son **ANPE** (agence nationale pour l'emploi), qui aide les **chômeurs**. Les sans-emplois représentent 9,8 % de la population active* – un taux moyen en Europe. Il y a aussi deux millions et demi de personnes environ qui occupent des emplois **précaires** : un « petit boulot* » sans sécurité d'emploi, un emploi **intérimaire** ou un **CDD*** (contrat à durée déterminée).

1 Qu'est-ce que ?

les PME :	un CDD :
les PMI :	la RTT :
le Smic :	l'ANPE :

2 Aujourd'hui, en France, en quoi les conditions de travail sont-elles différentes dans les grandes entreprises industrielles et les petites ?

_____

_____

_____

3 À votre avis, pourquoi la loi sur l'aménagement et la réduction du temps de travail suscite-t-elle des polémiques ?

_____

_____

_____

4 Observez la couverture du livre ci-contre. À votre avis, pourquoi ce dessin illustre-t-il cet ouvrage ?

Adret
Travailler
deux heures
par jour

_____

_____

5 Débat.

Travailler deux heures par jour, un rêve ? Non, disent les auteurs de l'ouvrage, à condition « d'être plus nombreux à travailler, de travailler autrement et de vivre autrement ». Qu'en pensez-vous ?

_____

_____

_____

6 Presque partout en Europe, les actifs de moins de 25 ans sont particulièrement touchés par le chômage. En France, ils représentent environ 23 % des chômeurs. Quelle est la situation des jeunes actifs chez vous ?

_____

_____

_____

LES NOUVEAUX MÉTIERS

• La révolution informatique

L'arrivée de l'informatique, à partir des années quatre-vingt, a bouleversé beaucoup de métiers et l'organisation du monde du travail. D'une part, l'emploi a augmenté dans les secteurs liés aux **nouvelles technologies**, avec deux conséquences majeures : l'apparition de nouveaux métiers (webmestre, concepteur et animateur de sites informatiques par exemple) et la difficulté, pour les personnes les moins qualifiées, à trouver du travail dans le secteur tertiaire. D'autre part, la possibilité de travailler à distance et de façon autonome a changé les entreprises. Dans de nombreux secteurs (télécommunications, assurances, banque, vente, architecture, journalisme, informatique, etc.), le **télétravail** s'est développé : 450 000 salariés travaillent chez eux sur leur ordinateur. Mais surtout, les emplois sont devenus moins stables. Pour les entreprises, il est moins nécessaire aujourd'hui d'employer à plein temps des salariés permanents, car une partie du travail est réalisé à l'extérieur, en **sous-traitance***. Les contrats à durée indéterminée (les **CDI***) sont donc moins nombreux.

• De nouveaux besoins

Les nouveaux métiers qui apparaissent ne sont pas tous liés aux nouvelles technologies. Certains métiers de services se développent en raison des **besoins nouveaux** de la population : aide aux personnes âgées à domicile, garde d'enfants, livraison à domicile, etc. D'autres métiers techniques se développent dans le domaine de **la protection de l'environnement** : par exemple, les métiers liés au traitement des eaux et des déchets ou de la pollution industrielle.

Un livreur de pizzas.

L'opinion des Français

> AVEC LE DÉVELOPPEMENT DES NOUVELLES TECHNOLOGIES, LES GENS NE SORTIRONT QUASIMENT PLUS DE CHEZ EUX.

Plutôt pas d'accord 20 %

Plutôt d'accord 27 %

Pas d'accord du tout 23 %

Tout à fait d'accord 29 %

Source : *Atlas des Français*, éditions Autrement, 2002.

1 Et vous, que pensez-vous de l'affirmation ci-dessus ?

_____

_____

_____

2 Quels sont les avantages et les inconvénients du télétravail ?

_____

_____

3 L'arrivée de l'informatique dans le monde du travail apporte-t-elle seulement des transformations techniques ?

_____

_____

4 Quelle est la différence entre un CDD et un CDI ? (Relisez, si nécessaire, la page 120).

_____

_____

5 Cette différence vous semble-t-elle importante ? Pourquoi ?

_____

_____

6 Débat. Les métiers liés à la protection de l'environnement vous semblent-ils un luxe ? Argumentez votre position.

_____

6 LE SYSTÈME DE SANTÉ

Par rapport à d'autres pays, les Français se soignent avec attention : en 2004, la dépense totale de santé s'élève à 2 951 euros par personne. Cependant, on parle souvent de « l'excessive consommation » de médicaments des Français : en effet, ils sont les plus gros consommateurs de médicaments d'Europe.

LES MÉDECINS

Le **médecin de famille** joue traditionnellement un rôle important dans la vie des Français. Il s'agit d'un médecin **généraliste**, c'est-à-dire d'un médecin qui s'occupe de médecine générale. Pour des problèmes de santé plus spécifiques, le médecin généraliste envoie ses patients chez un **spécialiste** (chirurgien, ophtalmologue, dermatologue, gastro-entérologue…).

La plaque d'un médecin.

La **consultation** est payée directement au médecin qui remet au patient une « feuille de maladie » pour le remboursement des frais médicaux par la Sécurité sociale.

LA SÉCURITÉ SOCIALE

La **Sécurité sociale** (la Sécu), organisme d'assistance publique créé en 1945, rembourse le patient selon un tarif de base. Pour les médecins qui pratiquent des tarifs supérieurs à ceux fixés par la Sécu, le patient paie la différence. C'est la raison pour laquelle 84 % des Français ont une assurance complémentaire maladie, appelée aussi **mutuelle**. La Sécurité sociale rembourse les indemnités maladie en cas d'**arrêt maladie***. Elle prend également en charge les frais pharmaceutiques, les frais d'hospitalisation, de maternité, d'invalidité. Le financement de la Sécu vient des **cotisations** payées par les employeurs et les salariés. Les citoyens de l'U.E. bénéficient des mêmes droits que les Français.

En 2000, le gouvernement a mis en place la **carte Vitale**, carte magnétique ressemblant à une carte de crédit, qui remplace l'ancienne carte d'assuré et la feuille maladie. Elle permet de simplifier le remboursement par voie informatique. Le système se met en place petit à petit.

La carte Vitale.

1 Quelle est la différence entre un médecin généraliste et un médecin spécialiste ?

_____

_____

2 Vrai ou faux ?

	V	F
La Sécurité sociale naît au XXᵉ siècle.		
La Sécu ne prend pas en charge les frais de maternité.		
La Sécu prend en charge 50 % des frais médicaux.		
C'est l'État qui finance la Sécu.		
La feuille maladie n'existe plus.		

3 Qu'est-ce que la carte Vitale ?

_____

_____

_____

_____

4 Dans votre pays, comment est organisé le système de santé ?

_____

_____

_____

_____

5 Observez l'encart ci-contre. Que remarquez-vous ? Dans votre langue, existe-t-il des abréviations et des termes plus familiers pour parler de médecine ?

> Dans la langue courante, on dit :
> – _Toubib_ au lieu de médecin (terme d'origine arabe)
> – _Labo_ pour dire laboratoire d'analyse
> – _Sécu_ pour dire Sécurité sociale
> – _Kiné_ pour dire kinésithérapeute
> – _ORL_ pour dire oto-rhino-laryngologiste

_____

_____

_____

LES LIEUX DE SOIN

Pour se faire soigner, on peut aller à **l'hôpital**, dans les **dispensaires** (centres médicaux) ou dans des **cliniques**. Les deux premières sont des structures publiques, les dernières sont essentiellement privées.

L'hôpital Georges Pompidou.

LA PRÉVENTION

Par rapport à d'autres pays d'Europe, le système de prévention en France est bien organisé. Tous les ans, les salariés doivent passer une visite médicale payée par l'employeur dans le cadre de la **médecine du travail**. Une infirmière est généralement présente dans les établissements scolaires. Elle s'occupe de la santé des élèves et des étudiants, mais également de la prévention. On parle de **médecine scolaire**. Malgré ce système de prévention, un nombre important de Français ne se faisait pas soigner, principalement par manque de moyens économiques. En 2000, le gouvernement a donc voté une loi qui a permis la création de la **couverture maladie universelle** (CMU). La CMU prévoit des soins gratuits pour les plus défavorisés : 5 millions de personnes environ sont concernées.

LES MÉDECINES ALTERNATIVES

Les médecines qui ont recours à des substances naturelles – plantes ou minéraux pour la phytothérapie et l'**homéopathie** – ou encore les pratiques non-occidentales – **l'acupuncture** par exemple – sont appelées **médecines alternatives**. Les médicaments qu'utilisent ces médecines sont vendus principalement en pharmacie, mais on peut aussi les trouver dans les grandes surfaces.

Depuis quelques années, les pharmaciens, au lieu des médicaments prescrits par les médecins, peuvent donner des médicaments génériques, moins chers, mais qui ont les mêmes effets thérapeutiques.

1 **Vrai ou faux ?**

	V	F
Les hôpitaux sont privés.		
La prévention est assurée à l'école.		
Tous les Français sont bien soignés.		
La phytothérapie soigne avec les plantes.		
Les médicaments génériques sont inefficaces.		

2 **Que signifie « médecine alternative » ?**

3 **Relisez le texte. Connaissez-vous d'autres médecines alternatives ?**

4 **Dans votre pays, quels sont les moyens de prévention pour la santé ?**

5 **Observez le tableau ci-dessous. Quelles conclusions en tirez-vous ?**

L'espérance de vie, en France, depuis 50 ans

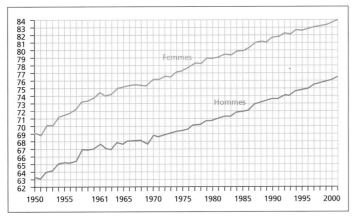

2005 :
L'espérance de vie moyenne dépasse 80 ans.

Source : CREDES.

7 UN PAYS CROYANT ?

La France a une tradition **catholique**. Les traces de cette tradition sont repérables dans l'architecture : on compte d'innombrables cathédrales et églises. Le pays a été à plusieurs reprises le théâtre de luttes spirituelles – notamment les **guerres de Religion*** –, qui étaient aussi, d'ailleurs, des luttes politiques. Mais contrairement à d'autres pays catholiques, la France a voté, en 1905, une « loi de séparation de l'Église et de l'État ». C'est le principe de la **laïcité** : l'État français est **neutre** et **tolérant** en matière de religion. D'une part, plusieurs religions cohabitent en France ; d'autre part, beaucoup de gens affirment librement leur absence de religion.

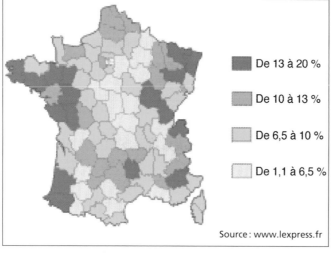

De 13 à 20 %

De 10 à 13 %

De 6,5 à 10 %

De 1,1 à 6,5 %

Source : www.lexpress.fr

Le catholicisme en France.

En 1965, 96 % des Français se déclaraient catholiques et près de la moitié, pratiquants ; en 2004, seulement 62 % des Français se déclarent encore catholiques et seuls 10 % se rendent à la messe régulièrement. La définition de cette régularité est assez floue : au moins une fois par semaine en 1965, une fois par mois aujourd'hui. En général, c'est en vieillissant que la pratique religieuse devient fréquente et régulière.

Source : www.lexpress.fr

Les populations religieuses les plus importantes sont les suivantes :
– **les catholiques :** par tradition les plus nombreux ;
– **les musulmans :** l'islam est la deuxième religion de France, loin cependant derrière le catholicisme. La plupart des musulmans sont originaires d'Afrique du Nord. Leur nombre s'élève à 5 millions. Parmi eux 2 millions environ sont de nationalité française ;
– **les juifs :** la France est le pays qui compte le nombre le plus important de juifs en Europe occidentale – un peu moins de 1 million ;
– **les protestants :** ils sont moins de 1 million et se regroupent en 16 églises.

Le nombre de Français qui se déclarent sans religion s'accroît d'année en année. De tous les pays d'Europe, c'est en France qu'on trouve le plus d'**athées** convaincus. Plus de 26 % de la population se déclare sans religion ; par comparaison, seuls 5 % des Américains se déclarent athées.

Source : www.lexpress.fr

1 Qu'est-ce que le terme « laïcité » signifie ?

_____

_____

_____

_____

_____

2 Quelle est la deuxième religion en France ?

_____

_____

3 Quelle est la différence entre :

● croyant et pratiquant ? _____

_____

● laïque et athée ? _____

_____

4 Lisez le texte ci-dessous. Et vous, qu'en pensez-vous ?

| 89 % des Français estiment qu'il n'est pas nécessaire d'avoir une religion pour bien se conduire, 10 % sont de l'avis contraire. Source : www.lexpress.fr |

_____

_____

_____

_____

_____

5 La France est aussi un pays de **pèlerinages***. Lourdes, dans les Pyrénées, est une ville de culte très connue à l'étranger ; à Chartres, à côté de Paris, les jeunes catholiques organisent tous les ans un pèlerinage. Dans votre pays, y a-t-il des lieux de culte importants ?

_____

_____

_____

_____

_____

8

LES TEMPS DE LA VIE

Certaines étapes de la vie sont marquées par des **rituels**. Il s'agit d'événements – officiels ou non, heureux ou tragiques – considérés comme importants.

La naissance (à la maternité) ne s'accompagne pas de cérémonie particulière. Dans la plupart des familles, c'est cependant une occasion, pour les amis, de faire un cadeau à l'enfant (jouet ou vêtement). Dans certains milieux sociaux, on annonce la naissance ou l'**adoption*** d'un enfant dans un journal local ou dans un quotidien national. Dans les familles croyantes, on baptise le nouveau-né.

La cérémonie du mariage s'est simplifiée (voir page 106), mais reste une fête pour la famille et les amis. Souvent aussi, jeunes mariés ou concubins fêtent l'arrivée dans un nouvel appartement par une fête qui réunit les amis. C'est la **pendaison de crémaillère***.

Les événements professionnels (tels que les départs à la retraite) sont quelques-unes des nombreuses occasions de partager un moment autour d'un repas ou d'un verre (de « faire un pot »).

Les décès enfin : il n'existe pas de véritable rituel laïque mais les Français souhaitent en général un rituel pour accompagner leur mort. En conséquence, si 10 % environ des Français pratiquent une religion, 80 % des obsèques sont religieuses. L'**enterrement** est la pratique la plus habituelle, mais l'**incinération** est maintenant assez courante. La tradition d'aller fleurir les tombes à la **Toussaint** se maintient (70 % des Français le font). Comme pour les naissances, certaines familles annoncent le décès de leur proche dans la presse.

Ulysse

Né le 01/02/05

était attendu avec impatience par ses parents

Marie-Cécile Hugon
Et Bastien Gallot
Tatie Marseille est ravie

Danièle, Flavie et Bruno
ont la joie d'annoncer la naissance de

Boris
Né le 20 janvier 2005

Danièle, Flavie et Bruno Petitport
50570 Le Mesnil-Amey

Bienvenue à **Léa**

qui est arrivée
Le 25 janvier 2005,
à Autun

Chez Anne Martineau
et Cornélia Wenders

Nadia

A pris son départ
Chez Kamila, Leila et Hugo
Suarez
Le 20 janvier 2005
Jusqu'où ira-t-elle ?

---

1 **Annonce de naissance dans la presse.**

Examinez les exemples page 130. Après avoir choisi un type de famille française (voir pages 106-113), imaginez une petite annonce de naissance. Attention ! Ce ne sont pas nécessairement les parents qui rédigent l'annonce…

_____

_____

_____

_____

_____

_____

_____

2 **Le départ à la retraite est une étape importante mais ne signifie pas toujours l'inactivité. Observez la publicité ci-contre. Que cherche-t-elle à vendre ?**

Publicité de la SNCF.

3 Quelle image cette publicité donne-t-elle des gens du troisième âge en France ?

_____

4 Quelle fleur met-on sur les tombes à la Toussaint : muguet, chrysanthèmes ou tulipes ?

_____

5 **Commentez ces annonces.**

Viroflay. Le Pradet (Var)
Mme Catherine Allais, son épouse
Jean-Luc, Marc, Adrien, Florence, ses enfants
Ses belles-filles et son gendre, ses dix petits-enfants
Sa famille et ses amis
Ont la tristesse de faire part du décès de
M. Jacques Allais
Ingénieur de l'armement
Les obsèques religieuses auront lieu le lundi 15 juillet 2005, à 10 h
en l'église Saint-Raymond du Pradet, suivies de la crémation au
crématorium de Cuers, à 11 h 30. Ni fleurs ni couronnes.
4, résidence Le Clos-Vieux. 78220 Viroflay.

Sa famille et ses amis
Ont la douleur de faire part du décès de
Mme Paul Fraineau
Née Renée Berger
Survenu le 13 février 2005.

L'inhumation aura lieu au cimetière du
Montparnasse le mardi 18 février à 17 h.

Sa famille
A la tristesse d'annoncer la disparition de
François Schmitt
Professeur, historien, militant
Survenue le 12 février 2005.
Selon sa volonté, son corps a été donné
à la science.
50-52, boulevard de Ménilmontant
75020 Paris

1

LA FRANCE URBAINE

PARIS ET LES AUTRES VILLES

La France est maintenant massivement une France des villes : près de 80 % des habitants vivent dans une zone urbaine, grande ou petite, ancienne ou nouvelle. Les villes nouvelles sont, en général, situées à la périphérie des grandes villes. Paris a longtemps occupé une place unique. On opposait la **capitale** à la **province** (le reste de la France !). La centralisation administrative, qui date de la Révolution française et de Napoléon Ier, existe toujours, mais l'écart entre Paris et les autres villes diminue. Les provinciaux « montent » moins à Paris parce que les autres villes ont changé. Elles offrent maintenant davantage d'emplois tertiaires, de possibilités culturelles, de loisirs et de formation. Elles ne sont plus isolées : le TGV, mais aussi le Thalys et l'Eurostar relient les **métropoles régionales** entre elles et à l'Europe entière. Certaines villes attirent les Français par leur meilleure **qualité de vie** : un environnement plus agréable, des déplacements moins fatigants, des entreprises plus petites, des logements moins chers. Cependant, Paris reste sans comparaison pour la vie nocturne, les événements culturels, la formation de haut niveau et l'offre d'emploi.

OÙ FAIT-IL BON VIVRE ?

La ville idéale semble être une assez grande ville, située au soleil, entre mer, montagne et campagne. Ce sont en effet les villes du littoral, en particulier **Rennes** en Bretagne et les villes du sud, comme **Toulouse** et **Montpellier**, qui ont attiré le plus de monde ces dernières années. Certains hésitent entre les avantages de l'Île-de-France et une autre région : chaque jour, pour travailler, 38 000 personnes font l'aller-retour entre la ville où ils habitent et la région parisienne.

Aix-en-Provence, une ville presque à la campagne…

1 Aujourd'hui, peut-on dire qu'en France il y a Paris d'une part et la province d'autre part ? Pourquoi ?

_____

2 La vie nocturne, est-ce important pour une ville ?

_____

3 Lisez les textes ci-dessous. Plus de quarante ans séparent ces deux chansons. Avez-vous le sentiment que les deux chanteurs parlent de la même ville ? Pourquoi ?

J'ai le mal de Paris

J'ai le mal de Paris
De ses rues, de ses boulevards
De son air triste et gris
De ces jours, de ses soirs
Et l'odeur du métro
Me revient aussitôt
Que je quitte mon Paris
Pour des pays moins gris.
J'ai le mal de la Seine,
Qui est toute ma peine
Et je regrette tant
les quais doux aux amants ;
J'aime me promener
Dans tous les beaux quartiers
Voir le Palais-Royal,
Les filles à marier,
Traîner à Montparnasse
De café en café,
Et monter à Belleville
Tout en haut de la ville
Pour la voir en entier
J'ai le mal de Paris
Quand je suis loin d'ici...

Le mal de Paris, Mouloudji

Paris

Finies les balades, le long du canal
Les escaliers des cartes postales
C'est fini, Paris.
C'est décidé je me barre[1]
Finis le ciel gris, les matins moroses
On dit qu'à Toulouse les briques sont roses
Là-bas, Paris, les briques sont roses !
Paris, tu paries, Paris que je te quitte !
Que je change, de capitale !
Paris, tu paries, Paris que je te quitte !
Je te plaque[2], sur tes trottoirs sales
Je connais trop ta bouche, bouche de métro
Les bateaux-mouches et la couleur de l'eau
C'est fini, Paris
Je les connais trop...

Paris, Camille

1. Se barrer : partir (en argot).
2. Plaquer quelqu'un ou quelque chose : quitter (en argot)

4 Dans ces chansons, qu'est-ce qui donne envie de vivre à Paris ? Qu'est-ce qui donne envie de quitter cette ville ?

_____

_____

5 Quelle chanson préférez-vous ? Pourquoi ?

_____

6 Un humoriste a dit en plaisantant que « l'idéal, c'était une ville à la campagne ». Beaucoup de Français semblent d'accord. Et vous, comment voyez-vous la ville idéale ?

_____

_____

LES ÉVOLUTIONS RÉCENTES

UNE PRÉOCCUPATION NOUVELLE : LE CADRE DE VIE

Les citadins* des centres-villes ou des périphéries urbaines sont de plus en plus sensibles à la qualité de leur environnement. On se préoccupe désormais de la pollution de l'air et de l'eau ; le nombre d'espaces verts augmente. Dans la plupart des **centres-villes**, il existe une ou plusieurs **rues piétonnes** (réservées aux piétons) et on essaie de limiter le trafic automobile.

À la **périphérie** des grandes villes, dans les banlieues populaires, l'amélioration de l'habitat est considérée par les habitants et les pouvoirs politiques comme une priorité. Dans ces banlieues, habite une population importante souvent logée en **HLM** (habitation à loyer modéré), en général dans des **grands ensembles***. Ces grands immeubles, construits rapidement dans les années soixante – quand la croissance urbaine était forte – doivent aujourd'hui être rénovés. On construit désormais des **immeubles** plus petits. Dans certaines banlieues plus « chic », habitées par les classes moyennes, des villages de maisons individuelles se développent.

LES CONTRASTES

Comme dans la plupart des pays d'Europe, les grandes villes présentent des contrastes marqués. La beauté des quartiers historiques et le **dynamisme culturel** attirent les touristes, le **dynamisme économique** attire la population active (française ou immigrée). Mais dans les grandes villes, la **pauvreté** est aussi visible. Ainsi, on estime qu'aujourd'hui environ 90 000 personnes sont sans domicile fixe (**SDF***), malgré les actions de solidarité sociale.

Une rue piétonne à Nantes.

1 À votre avis, pourquoi les citadins sont-ils de plus en plus sensibles à leur cadre de vie ?

_____

2 Pourquoi l'amélioration de l'habitat est-elle considérée comme une priorité par :

– les habitants des grands ensembles ? _____

_____

– les pouvoirs politiques ? _____

_____

3 Quand cela est possible, une majorité de Français (56 %) préfère habiter une maison individuelle plutôt qu'un appartement dans un immeuble collectif. Est-ce la même chose chez vous ?

_____

4 Un sondage classe les villes françaises selon cinq critères :
Que signifient ces critères ?

_____

_____

_____

Source : *Ça m'intéresse*, février 2003.

5 Classez ces critères par ordre d'importance et justifiez votre choix.

_____

_____

6 Débat : En France, certaines villes ont interdit la mendicité (le fait de demander de l'argent aux passants). Que pensez-vous de cette interdiction ?

_____

_____

7 Une histoire à terminer :

> J'ai fait un rêve. Je venais de finir mes études d'architecture. J'étais assis sur un banc, dans un endroit complètement vide. Pour une raison inconnue, les maisons avaient disparu. Il ne restait plus que le banc et un panneau publicitaire. Sur le panneau était écrit : « Ici, dans six mois, un nouveau quartier »...

2

LA FRANCE RURALE

Aujourd'hui, on ne peut plus opposer la **France des villes** à la **France des campagnes**. D'une part, avec le développement des villes moyennes, la campagne est rarement éloignée de la ville. D'autre part, la campagne s'est **urbanisée**. Quand les communes rurales sont situées dans des zones économiquement dynamiques, le **mode de vie** des ruraux n'est plus très différent de celui des citadins.

LES HABITANTS DES CAMPAGNES

• Les agriculteurs

Le nombre d'agriculteurs a beaucoup diminué dans l'ensemble du pays (3 % de la population active), mais également à la campagne. Ils représentent aujourd'hui moins de 10 % des habitants en zone rurale. Le travail des agriculteurs a changé, il s'est **mécanisé**. Avec la création de la Communauté européenne, leurs revenus ont augmenté. Il existe cependant des différences importantes selon le type d'agriculture et de région.

Des agriculteurs d'aujourd'hui.

• Les « rurbains »

Beaucoup de ruraux ne sont pas paysans mais travaillent dans la ville la plus proche. Artisans, ouvriers, employés ou cadres du secteur tertiaire, ils choisissent d'habiter la campagne pour profiter de la nature, d'un jardin et d'une **maison individuelle**. Parfois aussi, dans une famille, l'épouse travaille dans le tertiaire et le mari travaille la terre.

• Les néoruraux

Dans les années soixante-dix, des citadins, souvent jeunes, ont quitté la ville pour vivre à la campagne. Ces nouveaux ruraux (ou **néopaysans**) sont devenus, par exemple, éleveurs de chèvres ou de moutons. Après quelques années, beaucoup sont repartis en ville, mais certains se sont bien adaptés et pratiquent une **agriculture biologique** appréciée.

• Les résidents secondaires

En dehors de leur habitation principale, 10 % des Français environ possèdent une habitation secondaire (une **résidence**), souvent située à la campagne. Ils occupent cette résidence essentiellement pendant les week-ends et les vacances.

1 Aujourd'hui, en France, tous les ruraux sont-ils des agriculteurs ?

2 Le mode de vie des ruraux est maintenant proche de celui des citadins. Pour plusieurs raisons.
En voici quelques unes. Complétez le tableau :

le développement des médias
l'augmentation des revenus des ruraux
le mélange des populations citadines et paysannes

3 « Rurbain » est un mot formé à partir du mot « rural » et du mot « urbain », pour parler
de quelqu'un qui vit à la campagne mais travaille à la ville. À votre tour, inventez un mot formé
à partir de deux autres mots et proposez-en une définition.

4 L'agriculture biologique n'utilise pas d'engrais chimiques (produits chimiques qui permettent
d'augmenter la fertilité de la terre) et se limite à une petite production. Quels sont les avantages
et les inconvénients de ce type d'agriculture ?

5 L'extrait suivant évoque une vie de paysans normands.
À votre avis, à quelle époque ? Au xixe siècle ?
Au début du xxe siècle ? Vers 1980 ? Pourquoi ?

« Ils habitaient une maison basse,
au toit de chaume, au sol en terre
battue. Il suffisait d'arroser avant
de balayer. Ils vivaient des produits
du jardin et du poulailler, du beurre
et de la crème que le fermier cédait
à mon grand-père. Des mois à l'avance
ils pensaient aux noces
et aux communions, ils y arrivaient
le ventre creux de trois jours
pour mieux profiter ».

Annie Ernaux, *La Place*, Folio Gallimard, 1983.

6 La population des campagnes de votre pays
ressemble-t-elle à celle des campagnes françaises ?

VIVRE AVEC LES SAISONS

Ce qui rassemble tous les ruraux, c'est la **nature**. Comme le travail agricole, les occupations traditionnelles de la campagne dépendent des **saisons**. Ces occupations n'ont pas disparu. Pour les agriculteurs, elles apportent un complément de revenus, pour les autres ruraux ou touristes, elles sont des loisirs. Les **cueillettes** (ramassage des champignons, des châtaignes, des fraises des bois, etc.) et la **pêche** (3 millions de pêcheurs) sont très pra-

Camille Pissarro, Vue de ma fenêtre *(1888).*

tiquées. La **chasse** est traditionnelle dans certaines régions. Il y a 1,6 million de chasseurs en France (le plus gros chiffre de l'Union européenne). C'est d'ailleurs un objet de polémiques. L'Union européenne, pour protéger certaines espèces animales, veut raccourcir les périodes de chasse. Un débat, assez vif, existe entre partisans et adversaires de la chasse sous sa forme actuelle.

Le **jardinage** est une autre passion française : 58 % des Français ont un jardin. Près des villes, on trouve encore des jardins ouvriers*, petits carrés de terre plantés de légumes et de fleurs qui sont cultivés pendant le week-end. À la campagne, aujourd'hui, les jardins ne sont plus uniquement utilitaires. Les **jardins potagers** fournissent des légumes, mais on accorde aussi beaucoup de soin aux **jardins d'agrément** (fleurs et plantes).

LA SAUVEGARDE DE LA NATURE

Pour préserver de grands territoires qui possèdent un intéressant patrimoine naturel – paysages, **faune** ou **flore** –, 7 parcs naturels nationaux et 40 parcs naturels régionaux ont été créés. Dans ces parcs, l'urbanisme et le développement sont contrôlés. Cependant, la création de parcs ne résout pas tous les problèmes de sauvegarde de la nature. La **pollution** concerne les villes, mais elle concerne aussi les campagnes : pollution agricole des sols par les **engrais**, pollution des rivières par les **industries**, pollution des côtes par les **marées noires**.

1 Pourquoi les Français aiment-ils pratiquer, pendant leur temps libre, les activités traditionnelles de la campagne ?

_____

_____

2 Ces activités sont-elles populaires chez vous ?

_____

3 Débat : un écologiste s'oppose à un chasseur à propos de la chasse aux oiseaux migrateurs. Imaginez les arguments de l'écologiste et ceux du chasseur.

_____

_____

4 Que vous apprennent ces chiffres sur les Français et leur goût du jardinage ?

En 2005, les Français ont dépensé en moyenne 230 euros pour leur jardin.
Ce chiffre est en hausse : + 3 % depuis 1999.
La vente des plantes vertes d'intérieur a elle aussi beaucoup augmenté.
Les jardins ont en moyenne 800 m², mais la moitié mesurent moins de 250 m².

_____

_____

_____

5 Observez le dessin : quelles sont les victimes de cette marée noire ? À votre avis, les marées noires font-elles d'autres victimes ?

_____

_____

_____

6 Chez vous, les questions de préservation de la nature se posent-elles de la même façon qu'en France ?

Cabu, « La marée noire », dans À gauche toute !, L'Écho des savanes / Albin Michel, 2000.

_____

_____

3 LA FRANCE MULTICULTURELLE

UNE TERRE D'IMMIGRATION

La France est depuis longtemps un pays d'immigration. Depuis le début du siècle, c'est une terre d'accueil pour les **réfugiés politiques*** ; c'est aussi un pays qui, après les deux guerres mondiales, a fait venir des travailleurs étrangers pour sa **reconstruction** et son **industrialisation**. Après la Première Guerre mondiale, les **immigrés** étaient italiens, belges, polonais. Après la Seconde Guerre mondiale, sont arrivés des Espagnols et des Portugais. Puis l'immigration africaine (d'Afrique du Nord et d'Afrique noire) s'est développée. L'immigration s'est encore diversifiée avec la venue d'immigrés originaires d'Asie, d'Europe de l'Est et de Turquie.

Avec le ralentissement de l'économie à partir du milieu des années soixante-dix, les offres de travail ont diminué et le nombre officiel de travailleurs immigrés en France a baissé. Beaucoup de nouveaux arrivants sont des familles qui viennent rejoindre le père, déjà installé en France : c'est le **regroupement familial**.

Officiellement, combien y a-t-il d'immigrés en France ? Il n'est pas facile de répondre à cette question. On estime leur nombre à 4 310 000 (environ 7 % de la population). Un peu moins de la moitié d'entre eux sont d'origine européenne.

LE MODÈLE FRANÇAIS D'INTÉGRATION

En France, l'État considère les individus, citoyens de la République, et non les groupes communautaires. Le « modèle » français d'intégration est celui de l'**assimilation individuelle** (un immigré est quelqu'un qui s'adapte à la société française existante). Les immigrés ont les mêmes droits sociaux, civils et économiques que les Français, mais ils n'ont dans la plupart des cas ni le droit de voter, ni le droit d'être élus. Les enfants d'immigrés, quand ils sont nés et élevés en France, sont français de droit : c'est le **droit du sol**.

La pétanque rassemble des gens de différentes origines.

1 Quelles sont les raisons qui expliquent les grandes vagues d'immigration en France au cours de ce siècle ?

_____

_____

_____

2 Le recensement compte la population vivant en France et distingue les Français des étrangers. Pourquoi cela est-il insuffisant pour connaître le nombre d'immigrés vivant sur le territoire ?

> – Les étrangers, en France, sont les personnes qui n'ont pas la nationalité française.
> – Les immigrés sont les personnes, nées à l'étranger, qui vivent en France. Un immigré peut avoir acquis la nationalité française (1/3 des cas environ).

_____

_____

_____

3 Lisez le texte ci-contre. La décision d'immigrer est considérée par J.F. Kennedy, fils d'immigré irlandais, comme une décision extraordinaire. Pourquoi ?

> « Il n'y a rien de plus extraordinaire que la décision d'émigrer. C'est une accumulation de sentiments et de réflexions qui conduit finalement une famille à faire ses adieux à la communauté dans laquelle elle a vécu durant des siècles, à briser des liens anciens, à quitter des paysages familiers et à se lancer sur des mers menaçantes vers une terre inconnue. »
>
> J.F. Kennedy, _A nation of Immigrants_, Harper and Row, 1964.

_____

_____

4 Ce texte vous semble-t-il universel ? Pourrait-il être écrit aujourd'hui ? Pourquoi ?

_____

_____

_____

_____

5 Décrivez et commentez la photo de la page 140.

_____

_____

_____

_____

_____

L'ÉCHANGE CULTUREL

Le Nouvel An chinois 2003, à Paris : l'année de la chèvre.

La vie quotidienne en France, dans certains domaines, est influencée par des habitudes des étrangers. C'est le cas de la **cuisine**, de la **musique**, des **arts plastiques**, de la **décoration**, de la **mode**… Les Français apprécient la cuisine venue d'ailleurs, au restaurant mais aussi à la maison. La musique africaine ou le raï* ont leurs festivals et sont largement diffusés à la radio. Le Nouvel An chinois est fêté dans les grandes villes. Les vêtements et tissus traditionnels asiatiques et maghrébins ne sont pas portés uniquement par les personnes qui ont des liens avec l'Asie ou l'Afrique du Nord. Dans les appartements, certains meubles et décorations sont à la mode (sièges africains, kilims turcs, etc.).

À l'inverse, la vie en France modifie les habitudes de vie traditionnelles des immigrés venant de cultures éloignées. Par exemple, une partie des femmes immigrées travaille. Ceci a des conséquences sur le **rôle des femmes** dans les familles, sur le **nombre d'enfants** et leur éducation.

Le **contact culturel** est donc réel. Le nombre de mariages entre Français et étrangers, assez élevé (30 000 en 2001), est un signe de cette réalité.

LES RÉSISTANCES CULTURELLES

Dans d'autres domaines de la vie quotidienne, qui touchent à la **vie sociale** (la laïcité, la place de l'individu, l'égalité des sexes, le respect des lois de la République), les Français ne sont pas prêts, en général, à accepter une remise en question des principes partagés par le plus grand nombre. Quand les immigrés sont attachés à certaines valeurs fortes, issues de cultures traditionnelles (la place accordée au groupe, à la famille élargie, à la religion hors de l'espace privé, la conception patriarcale de l'autorité, etc.), l'**écart culturel** existe.

1 Peut-on parler en France d'un échange culturel entre Français et étrangers ? Pourquoi ?

2 Lisez les deux témoignages ci-dessous : que remarquez-vous ?

Le Nouvel An chinois

Pour moi, depuis que je suis en France, la tradition disparaît un peu. Au début, on s'offrait de l'alcool et des clémentines, à l'occasion d'un grand repas familial. Maintenant, on s'est mis d'accord pour ne plus se prendre la tête[1] ! On ne s'offre plus de cadeaux. Ne reste que le repas. Ma fille, qui a deux ans, ne fête pas le Nouvel An chinois. On préfère célébrer Noël, que moi je n'ai jamais fêté.

A., 26 ans, Chinois vivant en France.

1. Se prendre la tête : expression familière qui signifie ici « se créer des complications ».

Ça ne fait que sept ou huit ans que je fête le Nouvel An. L'habitude, c'est qu'avec ma femme qui est d'origine chinoise, et toute notre famille, on prépare des raviolis qu'on mange le soir du réveillon. En général, j'emmène mes enfants voir le défilé dans le 13e et, pendant quelques jours, je distribue des enveloppes rouges avec des bonbons ou une petite pièce dedans. Pour moi, le Nouvel An, c'est comme Noël (...), c'est très familial et très enfantin. »

D., 46 ans, Français marié à une Chinoise.

Source : *Zurban*, n° 127.

3 Vous devez faire une enquête sur l'intégration des immigrés en France : sur quelles questions allez-vous vous renseigner : L'emploi ? La participation à la vie politique ? L'habitat ? Le partage de la langue française ? La vie des adolescents ? D'autres questions ? Pourquoi ?

4 Tzvetan Todorov (intellectuel français d'origine bulgare) plaisante sur son envie de « devenir aussi français que possible » :

« Au bout d'un an en France, je me piquais d'avoir goûté tous les fromages, de distinguer un bordeaux d'un bourgogne les yeux fermés et même de me prononcer sur l'année et le cépage... »

Tzvetan Todorov, *Devoirs et délices*, Seuil 2002.

La connaissance des fromages et des vins vous semble-t-elle un bon indice d'intégration en France ? Quels autres indices pouvez-vous imaginer ?

5 Imaginez qu'un Français émigre dans votre pays. À quels indices pourrait-il évaluer sa bonne intégration ?

ANNEXES

1 PREMIÈRES IMPRESSIONS...

Whaïda, Algérienne, 30 ans

« Quand je suis arrivée en France je me sentais agressée par la publicité. Il y en avait partout, on montrait souvent la nudité et je regardais tout ! Puis je me suis mise à faire comme les Français : la publicité, en fait, ils ne la voient presque pas ! Ils n'y font plus attention, sauf quand elle est extraordinaire. »

Daniele, Italien, 36 ans

« Je trouve très bien qu'on puisse tout payer par Carte Bleue et par chèque, même des petites sommes. En Italie, c'est plutôt pour des sommes importantes. »

Mamiko, Japonaise, 36 ans

« Quand je suis arrivée, tout me paraissait vraiment pas cher : le loyer, le téléphone, l'électricité, les transports, la bouffe... Mais peut-être juste parce que je suis japonaise !!! »

Natalya, Ukrainienne, 20 ans

« Quand j'ai dit à mes amis que je devais partir à Paris, tout le monde m'a dit : "Tu as de la chance, Paris est la capitale de la mode, tu verras, tous les gens sont bien habillés." Et puis, quand je suis arrivée en France et que j'ai pris pour la première fois le métro, j'ai vu que les filles et les garçons de mon âge étaient habillés de manière assez moche. »

Nino, Italien, 60 ans

« Les Français ont de bonnes idées pour tout ce qui concerne la nourriture. Par exemple, je trouve l'idée de l'ascenseur pour les cornichons, géniale ! On peut en manger sans se salir les doigts ! Super, non ? »

Pamela, Chilienne, 22 ans

« Je trouve que les Français manquent de spontanéité, ils sont formels. On ne peut pas les appeler et leur dire de se voir le soir même juste parce qu'on en a envie. Il faut prendre l'agenda, chercher un jour et prendre rendez-vous, parfois même deux semaines plus tard ! Le problème est que souvent, le jour où il faut se voir, moi, je n'ai plus envie de sortir ! »

Adriana, Colombienne, 38 ans

« Ici, beaucoup de choses marchent bien. Quand tu envoies une lettre, tu es sûr qu'elle arrive et qu'elle arrive rapidement. Tu peux vraiment te faire soigner dans un hôpital. Un autre point positif, c'est le système d'aide sociale : moi qui, dans mon pays, n'avais jamais eu droit à une aide financière, j'ai eu droit à une allocation-logement en tant qu'étudiante. »

Juan, Espagnol, 22 ans

« Ici, les gens de mon âge sortent et se retrouvent surtout par petits groupes de 4 ou 5 fidèles. Il est difficile d'organiser des méga-sorties à 20 comme en Espagne ! En revanche, à Paris, on peut sortir 365 jours sur 365. On a toujours quelque chose à faire ! »

Mary-Louise, Américaine, 36 ans

« J'adore les cafés ici. C'est bien de pouvoir se donner rendez-vous au café, ou de rester des heures à lire tranquille, ou même là, sans rien faire, à regarder les gens et puis, quand il fait beau, on a tout de suite des tables à l'extérieur. C'est génial ! »

Gaoussou, Guinéen, 42 ans

« Quand je suis arrivé, c'était bizarre pour moi d'entendre les gens parler de la pluie et du beau temps, de les voir s'intéresser à la température au degré près. Les Français peuvent te dire exactement la température de l'eau de la mer ! 17° ou 18°! Et tout le monde a un thermomètre sur la fenêtre ! »

Shika, indienne, 20 ans

« C'est un peu difficile de savoir comment faire la bise ! Parfois, c'est quatre, parfois deux, rarement trois, parfois rien. Il faut du temps pour s'y retrouver… »

Théo, Néerlandais, 25 ans

« La première chose que j'ai remarquée, c'est le nombre élevé de pharmacies ! Il y en a plein, à chaque coin de rue, »

Pawana, Thaïlandaise, 28 ans

« Moi, ce qui m'a frappée le plus, ce sont les manifestations ! Il y a plein de monde dans la rue et on marche dans toute la ville. Paris est bloqué mais tout est très organisé. On sait à l'avance les quartiers à éviter. »

Antonio, Portugais, 40 ans

« Ce qui m'a tout de suite épaté, c'est que tous les Français semblent savoir danser le rock, tout au moins ils en connaissent la technique ! »

Mariti, Espagnole, 41 ans

« J'ai fait mes études de français dans une ville de l'est de la France. Une très jolie ville d'ailleurs, sympa dans la journée, vivante, avec beaucoup d'étudiants. Mais le soir, après 19 heures, c'était le désert, surtout en hiver. Pas un chat dans la rue… »

Luan, Chinoise, 24 ans

« Les Français ne sont jamais contents. Ils se plaignent tout le temps et ne voient que ce qui ne va pas ! C'est triste !!! »

Serena, Italienne, 28 ans

« Il y a des petites choses qui m'ont frappée dès mon arrivée. Par exemple, la première fois que je suis sortie avec un garçon, il m'a donné rendez-vous quelque part. En Italie, surtout la première fois, il est évident qu'il passe te chercher chez toi. Ou encore, les traversins, je n'avais jamais vu ça en Italie. Mais je n'ai jamais pu m'habituer à dormir avec, impossible ! »

Maki, Japonaise, 34 ans

« Ici, les animaux sont présents partout et bien acceptés. Au Japon, c'est impensable, surtout dans les appartements. D'autre part, ça fait un peu cliché, mais je trouve qu'il y a beaucoup de crottes de chiens dans la rue. Regarder attentivement par terre en marchant, c'est une des premières choses que j'ai apprises en France ! »

A C T I V I T É S

1 Quels témoignages vous semblent positifs ? Négatifs ? Ni positifs ni négatifs ?

2 Regroupez les témoignages selon les trois catégories suivantes :

	positifs	négatifs	Ni positifs ni négatifs
1			
2			
3			
4			
5			
6			
7			
8			
9			
10			
11			
12			
13			
14			
15			
16			
17			
18			

comportements des Français	organisation de la vie sociale	autre

3 Qu'est-ce qui frappe Whaïda à propos de la publicité en France ? Trouvez-vous son témoignage surprenant ?

4 Natalya est déçue par l'écart entre la France, « capitale de la mode », et la manière quotidienne de s'habiller des Françaises. Comment expliquez-vous cet écart ?

5 Relisez le témoignage de Pamela. À votre avis, le manque de spontanéité qu'elle évoque est-il un problème lié à l'âge, à l'entrée dans la vie active ou à autre chose ?

6 En français, pour dire que l'on « parle de tout et de rien », on emploie l'expression « parler de la pluie et du beau temps ». Est-ce cela que Gaoussou veut dire dans son témoignage ?

7 Relisez le témoignage d'Adriana. Dans votre pays, existe-t-il des mesures semblables ? Si oui, à qui s'adressent-elles ?

_____

_____

8 Maki est étonnée par la place qu'occupent les animaux en France. Qu'en pensez-vous ?

_____

9 L'ensemble des témoignages correspond/ne correspond-il pas à l'idée que vous avez de la France et des Français ?

_____

10 Quel est le témoignage qui vous étonne le plus. Pourquoi ?

_____

_____

11 À votre avis, pourquoi les étudiants venant de pays différents ne font-ils pas attention aux mêmes aspects de la vie en France ?

_____

_____

12 Après la lecture de ce livre, quelle image vous faites-vous de la France/des Français ?

_____

_____

_____

13 Cette image a-t-elle évolué au fil de la lecture du livre ? Si oui, dans quel sens ?

_____

_____

_____

14 Connaître la culture de l'autre signifie aussi connaître davantage sa propre culture. Qu'avez-vous appris sur votre propre culture ?

_____

_____

_____

2 TABLEAU HISTORIQUE

J. Tardi et J. Vautrin, *Le Cri du peuple,* T.1, Casterman, 1999.

Quelques repères	Quelques traces dans la mémoire collective, dans l'architecture, dans les institutions.
• Vᵉ-IIIᵉ siècle av. J.-C. : Les Gaulois (des Celtes) peuplent le territoire.	• Les Druides.
• IIᵉ siècle av. J.-C. : conquête de la Gaule par les Romains.	• Pont du Gard, arènes de Nîmes. • Vercingétorix.
• Vᵉ siècle ap. J.-C. : conquête de la Gaule par les Francs.	
• 496 : baptême de Clovis, roi des Francs. La France devient chrétienne.	• Clovis.
• 800 : Charlemagne est couronné empereur. Il fait l'unité de l'Europe.	• Charlemagne.
• 987 : dynastie des Capétiens. Avec Hugues Capet, début de l'État-Nation.	• Architecture religieuse (nombreuses églises romanes, puis gothiques, à partir du XIIᵉ siècle). Création de la Sorbonne.
• 1337-1453 : guerre de Cent Ans contre les Anglais. • 1431 : Jeanne d'Arc est brûlée à Rouen.	• Jeanne d'Arc.
• 1515 : victoire de François 1ᵉʳ, pendant les guerres d'Italie, à Marignan.	• Une date facile à mémoriser pour les enfants des écoles. Un mouvement culturel : la Renaissance.
• 1539 : l'ordonnance de Villers-Cotterêts impose le français à la place du latin dans les actes administratifs et les jugements des tribunaux.	• Le français, langue officielle.
• 1598 : Henri IV rétablit la paix religieuse. L'édit de Nantes marque la fin des guerres de Religion.	• Henri IV.
• 1610 : assassinat de Henri IV et fin de l'unité nationale.	

Quelques repères	Quelques traces dans la mémoire collective, dans l'architecture, dans les institutions.
• 1643-1715 : règne de Louis XIV. Monarchie absolue.	• le Roi-Soleil et Versailles.
• 1789 : prise de la prison de la Bastille et début de la Révolution française.	• XVIIIe : le siècle des Lumières. Parution de l'*Encyclopédie*. • La cocarde (bleu/blanc/rouge). La Déclaration des droits de l'homme. La *Marseillaise*.
• 1793 : Louis XVI est guillotiné.	• la Terreur.
• 1800-1815 : Après un coup d'État, Napoléon Bonaparte devient empereur et règne pendant quinze ans.	• Napoléon. Le Code civil. L'Arc de triomphe.
• 1815-1848 : chute de Napoléon et retour de la royauté.	• Louis XVIII.
• 1848 : révolution, en France comme dans toute l'Europe.	
• 1852-1870 : Second empire. Napoléon III (neveu de Napoléon Ier) mène une politique d'expansion coloniale (Afrique du Nord, Afrique noire, Indochine).	• Travaux d'urbanisme : le préfet de Paris, le baron Haussmann, fait détruire les quartiers anciens et construire de larges avenues.
• 1870 : déclaration de guerre de la France à la Prusse. Capitulation en 1871.	
• 1871 (mars-mai) : Commune de Paris. C'est la révolte des Parisiens contre la capitulation et contre le gouvernement.	• Le Sacré-Cœur est construit à Paris, pour célébrer l'écrasement de la Commune.
• 1870-1940 : IIIe République.	• Les lois de Jules Ferry rendent l'enseignement primaire gratuit, laïc et obligatoire. • Exposition universelle à Paris : construction de la tour Eiffel.
• 1914-1918 : Première Guerre mondiale. La France, l'Angleterre et la Russie (les Alliés) entrent en guerre contre l'Allemagne et l'Autriche. La guerre, devenue mondiale en 1917, est gagnée par les Alliés en 1918.	• Création de la SDN (Société des Nations), premier organisme chargé de faire respecter le droit international. Mais ses pouvoirs sont limités.
• 1936 : Front populaire (gouvernement de gauche).	• Loi généralisant les congés payés.
• 1939-1945 : Seconde Guerre mondiale. L'Allemagne et l'Italie occupent l'Europe. L'Angleterre et la France leur déclarent la guerre.	• De Gaulle.
• 1946-1958 : IVe République. Début des guerres coloniales (Indochine, Algérie).	• Droit de vote accordé aux femmes (en 1945). Création de la Sécurité sociale.
• 1951 : création de la Communauté européenne du charbon et de l'acier (CECA), à la base du marché commun de la CEE (communauté économique européenne).	
• 1958 : Ve République.	• Adoption de l'actuelle Constitution.
• 1962 : indépendance de l'Algérie.	
• 1968 : révolte étudiante et grèves générales. Contestation des valeurs de la société.	• Slogans politiques poétiques et « assouplissement » de la société.
• 1981 : arrivée d'un gouvernement de gauche au pouvoir.	• Mitterrand. Suppression de la peine de mort.
• 2002 : Utilisation d'une monnaie unique en Europe.	• L'euro.

ACTIVITÉS

1 Lisez l'ensemble du tableau. Quels événements historiques connaissez-vous ?

_____

_____

2 Ces événements sont-ils en rapport avec des événements historiques de votre pays ?

_____

3 Classez les traces de l'histoire présentées aux pages 148 et 149 dans le tableau suivant.

Personnages	Symboles	Monuments	Règles du droit et institutions

4 Observez le dessin 1 page 148. À votre avis, quel événement historique illustre-t-il ? Sur quels indices vous appuyez-vous pour le dire ?

_____

5 Quelle impression vous produit le tableau ci-contre, traitant de la guerre de 1914 - 1918 ?

_____

_____

6 Correspond-t-il à l'image que vous avez de cette guerre ?

_____

_____

7 Cherchez pourquoi les Français appellent cette guerre « la Grande Guerre ».

_____

_____

Marcel Gromaire, La Guerre, _1925._

A C T I V I T É S

8 Choisissez un événement historique qui a marqué l'histoire de France et présentez-le en quelques lignes.

_____

_____

_____

_____

_____

9 Décrivez l'affiche ci-dessous.

Paul Colin,
Marianne aux stigmates, _1944._

_____

_____

_____

_____

_____

_____

_____

_____

_____

_____

10 À votre avis, que symbolise-t-elle ?

_____

11 Près de soixante ans plus tard, quelle est, aujourd'hui, la place de la France dans le monde ?

_____

_____

12 À votre avis, en quoi cette place a-t-elle changé depuis 1945 ?

_____

_____

_____

_____

LEXIQUE

Abbaye : ensemble de bâtiments qui abritent une communauté de moines* (en général bénédictins).

Adoption : acte juridique qui consiste à prendre quelqu'un pour enfant dans des formes légales et à créer ainsi des liens familiaux.

Agglomération : ensemble constitué d'une ville et de ses banlieues.

Airbus : avion européen, résultat d'une coopération entre la France, l'Allemagne, la Grande-Bretagne, la Belgique, l'Espagne et les Pays-Bas. Le premier vol d'Airbus a eu lieu en 1972.

Allocations familiales : aides financières versées par l'État aux familles ayant au moins deux enfants à charge.

Allocation logement : aide financière pour le logement versée par l'État aux familles ayant deux enfants à charge et à toute personne ayant des revenus très bas (les chômeurs, les étudiants…).

Allocation parent isolé : aide financière versée par l'État à un parent qui élève seul son (ses) enfant(s).

Allocation parentale d'éducation : aide financière pour l'éducation versée par l'État aux familles ayant au moins deux enfants à charge.

Ariane : inaugurées en 1979, les fusées spatiales européennes Ariane lancent des satellites utiles, par exemple dans le domaine des télécommunications.

Arrêt maladie : arrêt de travail, en cas de maladie, pendant lequel le salarié continue à percevoir son salaire. L'arrêt maladie doit être signé par un médecin.

Arrondissement : subdivision administrative de certaines grandes villes en France (Paris, Lyon, Marseille).

Assistante maternelle : personne qui garde des enfants à domicile sous la tutelle du personnel des crèches collectives.

Association : ensemble de personnes qui se réunissent et agissent dans un but commun et non lucratif (culturel, social, sportif…).

Astérix : héros de la bande dessinée créée par René Goscinny et Albert Uderzo. Les aventures d'Astérix et de son village gaulois mettent en scène, sur le mode humoristique, les stéréotypes nationaux français.

Autonomie politique : indépendance politique par rapport au pouvoir central, donc à l'État.

Bagne : établissement où les prisonniers (les forçats) subissaient la peine des travaux forcés. Les bagnes français se trouvaient surtout dans les colonies. Ils ont été supprimés en 1942.

Banlieue : ensemble de petites villes/localités qui entourent une grande ville. Elles sont autonomes au plan administratif, mais en même temps très liées à la ville. Elles sont socialement très différentes selon qu'il s'agit de banlieues populaires ou de banlieues « chic ».

Banlieusard : personne qui habite en banlieue.

Bataille de Poitiers : bataille qui s'est conclue par la victoire de Charles Martel sur les musulmans d'Espagne (732). Une des dates apprises par les enfants à l'école primaire.

Bénévole : personne qui apporte son aide gratuitement et sans être dans l'obligation de le faire. C'est souvent le cas des personnes qui font partie d'une association.

Bio : abréviation de biologique.

Bise : synonyme de « baiser sur la (les) joue(s) ».

Bleus (les) : c'est le nom qu'on donne aux joueurs de l'équipe nationale française de football. Cela tient à la couleur de leur maillot.

Bocage : type de paysage français qui se caractérise par des champs et des prairies enfermés par des haies.

Bourse : aide financière accordée à un étudiant par l'université ou l'État.

Bricolage : du verbe « bricoler ». Il s'agit des petits travaux en tout genre que l'on fait « de ses propres mains », chez soi ou à l'extérieur.

C

Cadre : le personnel d'une entreprise qui appartient à la catégorie supérieure des salariés.

Cadres supérieurs : ce sont les cadres qui, grâce à leur qualification, ont un pouvoir de contrôle et de décision au sein de l'entreprise.

Camisard : les Camisards, qui portaient sur leurs vêtements une chemise blanche (*camiso*, en languedocien) pour se reconnaître entre eux, étaient des protestants qui se sont révoltés contre les armées de Louis XIV au début du XVIIIe siècle.

Canal : cours d'eau artificiel et navigable (le canal du Midi, par exemple).

Cantine : salle où on sert le déjeuner dans une entreprise ou à l'école.

Carême : période de quarante jours qui précède Pâques.

CDD : sigle pour « contrat de travail à durée déterminée ». Il s'agit d'un contrat de travail pour une période déterminée à l'avance (6 mois, un an…) selon les besoins de l'entreprise.

CDI : sigle pour « contrat de travail à durée indéterminée ».

Centre commercial : ensemble regroupant plusieurs magasins et plusieurs services.

Chef-lieu : division administrative du département. Le chef-lieu est la ville la plus importante du département et la préfecture de celui-ci.

Citadelle : édifice militaire fortifié qui protège une ville.

Citadin : habitant d'une ville.

Collectivités locales : elles constituent le cadre de la démocratie de proximité. Ce sont les divisions administratives du territoire supposées proches de la population et de ses préoccupations : communes, cantons, départements, régions. À la suite de la politique de décentralisation, l'État leur a cédé un certain nombre d'initiatives locales.

Colocation : location d'un appartement à plusieurs. Les colocataires partagent l'espace et les frais en commun.

Colonie : territoire occupé et administré par une nation étrangère.

Commerce de proximité : magasins de quartier.

Commune : la commune est la plus petite subdivision administrative du territoire ; elle est administrée par un maire et un conseil municipal.

Commune rurale : les communes rurales sont les communes qui se trouvent loin de la ville, à la campagne.

Concordat : convention qui règle les rapports entre l'Église et l'État sous Napoléon Bonaparte en 1801. Le régime du Concordat existe encore en Alsace et en Lorraine.

Conduite accompagnée : les Français passent leur permis de conduire à 18 ans. Dès 16 ans, ils peuvent conduire avec un adulte (conduite accompagnée), mais n'ont le droit de conduire seuls qu'à 18 ans.

Confit : préparation de certaines viandes, comme l'oie ou le canard, cuites et conservées dans leur graisse. Spécialité du sud-ouest de la France.

Congé de maternité : arrêt de travail qui précède et suit l'accouchement. Sa durée est généralement de six semaines avant et de dix semaines après l'accouchement. Pendant cette période, la personne salariée perçoit son salaire.

Congés payés : désignent les vacances payées accordées par la loi à tout salarié. C'est une mesure généralisée en France par le Front populaire en 1936.

Conseil de l'Europe : organisation de coopération européenne créée en 1949 qui réunit aujourd'hui 44 pays. Son siège est à Strasbourg.

Crèche (1) : établissement chargé de la garde des enfants de moins de trois ans.

Crèche (2) : représentation de la Nativité selon la tradition de Noël.

Crémaillère (pendre la crémaillère) : offrir un repas à ses amis pour fêter son installation dans un nouveau logement. Cette expression vient d'une époque où on pendait, au-dessus du foyer de la cheminée, un crochet avec des crans (une crémaillère) qui soutenait les récipients pour faire la cuisine.

Créole : langue née du contact de populations n'ayant pas de langue commune et formée, dans certaines colonies, à partir de la langue des colonisateurs et d'emprunts aux langues en présence dans ces colonies (français, espagnol, portugais, anglais, néerlandais et langues indigènes).

Crise de la vache folle : la maladie de la vache folle, découverte au Royaume-Uni en 1986, a conduit, en France, à une réduction considérable de la consommation de viande bovine en raison des risques d'attraper la maladie, transmissible à l'homme, de Creutzfedt-Jacob, qui est mortelle.

Cultures maraîchères : culture de fruits et de légumes (les primeurs).

Décentralisation : 1. l'État donne aux régions des pouvoirs de décision et de gestion. 2. C'est la dispersion sur le territoire des activités (industrie, administration…) qui étaient groupées dans un même lieu – notamment dans la capitale.

Déclaration universelle des droits de l'homme : texte adopté à Paris en 1948 par l'assemblée des Nations unies qui proclame les droits civils, politiques, économiques, sociaux et culturels de l'humanité.

Dégriffé : un vêtement dégriffé coûte moins cher parce qu'il ne porte plus la marque (la griffe) d'origine.

Dépôt-vente : c'est un magasin où les gens déposent les vêtements et les objets variés qu'ils veulent vendre et que l'on peut donc acheter à prix d'occasion.

DVD : anglicisme, abréviation de *Digital Versatile Disc* : support d'enregistrement à grande capacité.

Écrans géants : écrans qui permettent de projeter dans la rue des grands événements sportifs, comme la Coupe du monde de football, pour que tout le monde en profite.

Erasmus : nom donné aux échanges interuniversitaires entre pays européens. Du nom de l'humaniste hollandais Erasme de Rotterdam (1469-1536).

Études à finalités professionnelles : études qui préparent à un diplôme directement utilisable sur le marché du travail.

Exode rural : migration des habitants de la campagne à la ville.

Fac : abréviation de faculté.

Famille large (ou élargie) : la « famille restreinte » comprend uniquement les parents et les enfants. La « famille large » comprend en plus les alliés (parents plus éloignés).

Fève : petit objet que l'on cache dans la galette des Rois*. À l'origine, il s'agissait d'une fève (légume sec).

Fonctionnaire : agent public titulaire d'un emploi permanent dans la fonction publique.

Foyer : le foyer est une résidence collective pour les étudiants. Les services (salle de bains, WC et cuisine) y sont communs.

Francilien : habitant de l'Île-de-France.

Francofolies : festival de musique francophone qui a lieu en juillet à La Rochelle.

Francophonie : concept géopolitique (Francophonie) et concept sociolinguistique (francophonie). C'est l'ensemble des pays et des locuteurs dont la langue usuelle ou officielle est le français.

Galette des Rois : gâteau plat fait avec de la pâte feuilletée, souvent fourré de frangipane, contenant une fève* qui désigne le roi ou la reine de la fête de l'Épiphanie.

Galerie marchande : galerie bordée de magasins. Elle se trouve généralement dans les centres commerciaux.

Grands ensembles : groupe important d'immeubles d'habitations qui bénéficient d'équipements collectifs (magasins, gymnases, espaces verts...). Les grands ensembles se trouvent généralement dans les banlieues des grandes villes.

Grands magasins : magasins à prédominance non-alimentaire qui offrent un très large assortiment de produits au détail (La Samaritaine, Printemps, les Galeries Lafayette, le Bon Marché, les Nouvelles Galeries...).

Guerres de Religion : conflits qui ont opposé en France les catholiques et les protestants (1562-1598). C'est l'édit de Nantes qui met fin à ces guerres et qui proclame la tolérance religieuse en France.

Guinguette : café populaire où on boit, mange et danse, en général en plein air.

Halles : c'est le nom qu'on donne à l'emplacement où se tient le marché de produits alimentaires d'une ville. Le quartier des Halles à Paris était anciennement le marché de Paris.

Hypermarché : magasin en libre service d'une surface d'environ 2 500 m² situé généralement à la périphérie d'une ville.

Impressionnisme : mouvement pictural se développant à la fin du XIXᵉ siècle qui a marqué la rupture de l'art moderne avec l'académisme.

Jardins ouvriers : situés en périphérie des villes, ils étaient utilisés à l'origine par les ouvriers comme jardins d'agrément ou jardins potagers. Aujourd'hui, ils sont appréciés et cultivés par des personnes de toutes classes sociales.

Laïcité : principe qui exclut les Églises de l'exercice du pouvoir politique et, plus particulièrement de l'enseignement public.

Langue d'oc : ensemble de dialectes romans parlés dans la moitié sud de la France.

Langue d'oïl : ensemble de dialectes romans parlés dans la moitié nord de la France (picard, wallon, francien…).

Langue officielle : langue qui est adoptée par un État comme la langue de la communication dans les domaines officiels (administration, éducation…). Elle peut être la langue du pays, ou bien une autre langue (par exemple, la langue de l'ancien pays colonisateur).

Licencié (au sens sportif) : titulaire d'une licence sportive, c'est-à-dire d'une autorisation qui permet de prendre part aux compétitions des fédérations sportives.

Loi sur les 35 heures : loi votée en 1998, appelée aussi loi Aubry, du nom de la ministre qui l'a élaborée (Martine Aubry), qui fait passer le nombre d'heures de travail hebdomadaire de 39 à 35 heures. Cette loi est appliquée, avec des différences importantes selon les secteurs d'activité, dans les entreprises de plus de vingt employés.

Mac Do : abréviation de Mac Donald.

Maghreb : ensemble de trois pays de l'Afrique du Nord : Algérie, Maroc et Tunisie.

Marché : lieu public où on vend périodiquement des produits alimentaires et des produits d'usage courant. Les marchés en France sont le plus souvent en plein air.

Marée noire : pollution des côtes due au pétrole rejeté en mer par des pétroliers hors d'usage. La France n'est évidemment pas le seul pays touché.

Marianne : depuis la Révolution, la Liberté est représentée sous les traits d'une femme coiffée du bonnet rouge que portaient les forçats sous l'ancien Régime. L'origine du nom de Marianne est incertaine. Son visage figure sur les timbres-postes et un buste de Marianne est dans chaque mairie. Après Mireille Mathieu et Catherine Deneuve, c'est aujourd'hui Laetitia Casta, célèbre mannequin, qui incarne Marianne.

Moine : religieux qui vit dans un monastère.

Monnaie unique : depuis 1999, l'euro remplace les monnaies nationales dans les pays de l'Union européenne pour les transactions commerciales. Dans la vie quotidienne, l'euro est utilisé depuis 2002.

Multiplexe : cinéma doté de plusieurs salles.

Négritude : c'est un terme apparu aux environs de 1935 et utilisé par A. Césaire et L. S. Senghor. Il désigne l'ensemble des valeurs culturelles et spirituelles des Noirs.

Nourrice : femme qui par profession élève et garde des enfants en bas âge (petits enfants).

ONG (organisation non gouvernementale) : organisation humanitaire financée par des dons privés.

Ostréiculture : élevage d'huîtres.

Palais omnisports : endroit où sont pratiqués plusieurs sports.

Parc naturel : vaste territoire à l'intérieur duquel la faune, la flore et le milieu naturel sont protégés. Il existe en France des parcs naturels nationaux et des parcs naturels régionaux.

Parlement européen : organe de l'Union européenne qui s'occupe de l'activité législative, du budget et de l'activité des différentes institutions européennes.

Patrimoine mondial de l'Unesco : il s'agit d'une liste mondiale de biens culturels et de biens naturels, établie par l'Unesco, qui vise leur protection et leur mise en valeur. Cette liste s'allonge chaque année.

Pays celtiques : pays dont la population d'origine (ou une partie de la population d'origine) était celte : Écosse, Irlande, pays de Galles, Bretagne, Galice, Canada.

Pèlerinage : voyage collectif ou individuel pour des motifs religieux, dont le but est un lieu saint.

Petit boulot : synonyme de « job ». Il s'agit d'un travail rémunéré (payé), mais qui n'est pas considéré comme un véritable métier.

PME : sigle pour « petites et moyennes entreprises » (secteur tertiaire).

PMI : sigle pour « petites et moyennes industries » (secteur secondaire).

Population active : population qui a un emploi rémunéré ou qui est disponible pour travailler.

Rap : style de musique dont les paroles sont récitées sur un fond de musique très rythmée.

Raï : style de musique populaire moderne d'origine algérienne.

Réfugié politique : personne qui, à cause de ses opinions politiques, craint d'être persécutée dans son pays d'origine et réclame, pour cela, la protection du pays d'accueil.

Restauration rapide : terme français qui correspond au terme anglais *fastfood*.

Restaurants du Cœur : il s'agit d'une association de bénévoles* fondée en 1985 par Coluche, comique populaire français

mort en 1986. Les « Restos du Cœur » luttent contre la sous-nutrition et fournissent des repas chauds aux plus démunis pendant la saison d'hiver.

RER : Réseau Express Régional.

Retraité : personne qui s'arrête de travailler après une durée fixée par la loi et variable selon les emplois. Les retraités ont droit à une retraite, c'est-à-dire à une pension constituée des cotisations retenues sur le salaire pendant les années de travail.

RTT : sigle pour « réduction du temps de travail » qu'on utilise depuis l'application de la loi sur les 35 heures. Le sigle exact est ARTT (aménagement de la réduction du temps de travail).

S

Schengen (espace de) : espace de libre circulation des personnes à l'intérieur de l'Union européenne. Les accords de Schengen ont été signés en 1985 (et complétés en 1990) entre l'Allemagne, la France, la Belgique, le Luxembourg, les Pays-Bas, l'Italie, l'Espagne, le Portugal, la Grèce et l'Autriche.

SDF : personne sans travail, sans logement qui vit dans la rue. Parmi les SDF, on trouve essentiellement des hommes chômeurs, des vieillards sans ressources, des immigrés récents.

Services : ensemble d'activités professionnelles exercées dans une entreprise ou dans une administration.

Service public : toute activité d'une collectivité publique qui a pour objectif de satisfaire un besoin d'intérêt général (par exemple, La Poste, la télévision).

Smic : sigle pour « salaire minimum interprofessionnel de croissance ». Il s'agit d'un revenu minimal dont le montant est établi par le gouvernement et auquel les entreprises doivent se conformer.

Sommet de la Francophonie : il regroupe 55 états et gouvernements. L'idée d'une organisation institutionnelle de la Fran-

CRÉDITS PHOTOGRAPHIQUES

N° d'éditeur 10161192 - CGI - Juin 2009
Imprimé en France par I.M.E. - 25110 Baume-les-Dames

cophonie a été lancée dans les années soixante et a été défendue ardemment par plusieurs chefs d'État, notamment L.S. Senghor (président du Sénégal).

Sous-traitance : une entreprise principale confie un travail – ou une partie de celui-ci – à un partenaire extérieur : le « sous-traitant ».

Suffrage universel direct : système de vote par lequel le citoyen vote lui-même pour élire son représentant (en France, l'élection du président de la République, des députés, etc.).

Suffrage universel indirect : système de vote par lequel le citoyen élit les intermédiaires qui, à leur tour, élisent les représentants (par exemple, l'élection des sénateurs).

T

Territoires d'outre-mer (TOM) : ce sont des territoires, hors de la métropole, qui ont un statut particulier dans la République française (la Nouvelle-Calédonie, Wallis-et-Futuna, la Polynésie française, les terres australes et de l'Antarctique françaises). Chaque territoire est administré par un représentant de l'État français.

Théâtre national : théâtre entièrement subventionné par l'État. Il existe cinq théâtres nationaux : la Comédie française, le théâtre de Chaillot et le théâtre de la Colline à Paris ; le TNP à Lyon ; le Théâtre national à Strasbourg.

Travail à temps partiel : travail d'une durée hebdomadaire inférieure à celle du travail à temps plein.

Trente glorieuses : trente années économiquement prospères.

Trolleybus : transport en commun électrique sur pneus dont la prise de courant est aérienne.

U

Union libre : vie commune hors mariage (concubinage).